「神様の窓」

日ごろお世話になっているかかりつけ神社の神様との繋がりを深めるためのアイテムとしてお使いください。
お参りに行かれないときは、この絵を見ながらご自身の守護霊に「かかりつけ神社の神様とつないでください」とお願いして、神様のご神気をいただいてください。
最初は絵と神様の繋がりは細いですが、続けているうちに次第に繋がりが太く大きくなっていきます。かかりつけ神社のお札と一緒に飾るとより効果的です。
願いを叶えてほしいという不安な気持ちを向けると繋がりづらくなりますので、神様への願掛けは、この絵にむかってせずに、神社でお願いしてください。
ガラスやアクリル板等で絵の表面を覆わず、紙面が現れている状態で飾ってください。

いろはママ

線に沿って切り取ってください

特別付録

『いろはママの「神様見習い」はじめました　新装版』

POST CARD

たのしく自分で運気アップ！

いろはママの「神様見習い」はじめました

新装版

神様見習いマンガ家　いろはママ

もくじ

特別付録「神様の窓」
神様に聞いた「かかりつけ神社」超開運術 …… 3
プチスピおまけ❶「ラッキーカラー」 …… 20
仏様にも聞いた「もっと！ かかりつけ神社＆寺院」超開運術 …… 21
身滌《みそぎ》大祓《のおおはらい》 …… 45
プチスピおまけ❷「ゾロ目」 …… 46
金運アップのご利益 ダキニ天様とつながる開運秘法♪ …… 47
運気を落とすやっちゃダメ習慣 ダメスピ！ …… 59
これで幽霊なんかこわくない！ 霊障から身を守るコツ …… 83
プチスピおまけ❸「北枕」 …… 98
脱・スピ迷子！ 守護霊とつながって大開運 …… 99
プチスピおまけ❹「遺品」 …… 126
あとがき …… 127

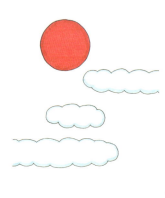

神様に聞いた
かかりつけ神社
超開運術

ビミョーな霊感体質のいろはママが
神様のありがたさを知って始めた
「神様見習い」。
かかりつけ神社を持って
いろはママと一緒に開運しましょう！

※詳細は『うちのスピ娘のパワーがちょっとすごくって…』(ハート出版)を参照のこと

いろはが6歳のある日
とある神社にお参り
ちょっと お参り していこう
〇〇神社
菊の花
そこは 菊の花に ゆかりの ある神社
神様 菊の花が 咲いたような 喜びだって 言ってるね
6歳 漢字読めない
何それ!?
え!? この子 神様の声が 聞こえるのー!?
いろちゃんは 神様の声が 聞けて すごいねー
それからの1年間 ママといろはの 不思議な日々が続きました
今では不思議な力はなくなって いろはは普通の小学生ですが
よかった よかった、
なで なで
ママは自分が霊感で 苦労しているので 本当によかった と思っています
だけどママは 神様の温かさに 触れて思うのです
もっと神様のこと 知りた〜い!! 神様 家族を 幸せに導く方法 もっと教えて〜!!
というわけでママは 神様見習いを始めました!!
神社やお寺に 参拝すると 神様仏様が 色々なことを 教えてくれます
金運アップ
病気撃退
これから 皆さんに ママが気づいた 開運方法を シェアして いきます♥
「かかりつけ神社」 超開運術
はじまりはじまり

かかりつけ神社のススメ

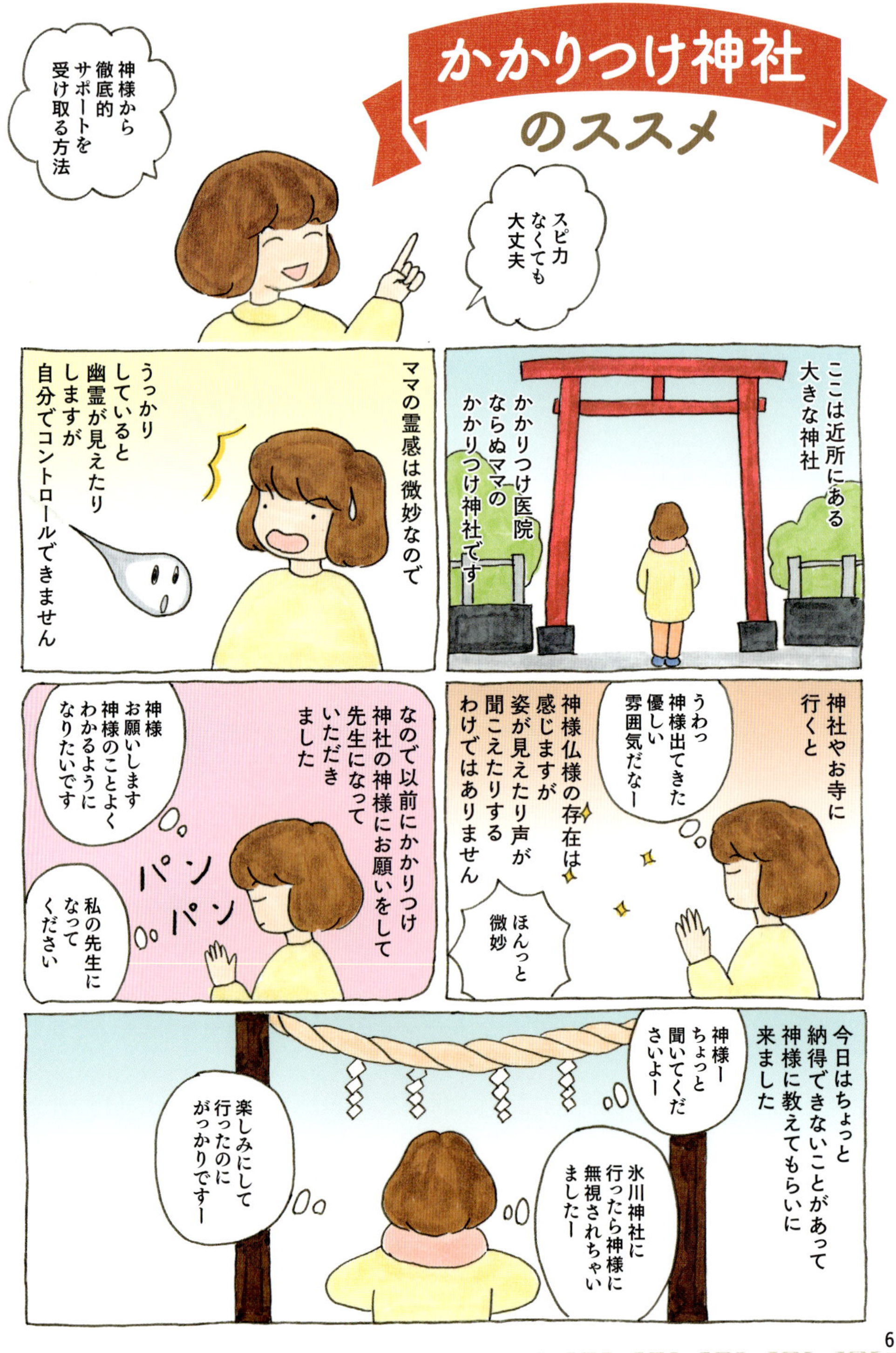

※埼玉県さいたま市
先日 大宮(※)の有名な 武蔵一宮氷川神社に 行きました
氷川神社 初めてだなー どんな神様 だろう
人多いなー もうお正月 5日なのに こんなに 混んでるのかー
その日は1月5日でした
氷川神社の神様 はじめまして 神様のことを 勉強させて いただきに 来ました
パン
パン
あれ? 何も 感じられない
しら〜〜〜
なんでー!?
あれ なんなんです かねー!?
なんで 氷川神社の神様 私のこと無視 するんですか?
ママはかかりつけ神社で 質問をすると頭の中に勝手に 文字が見えることがあります
ピッカーン!
身内対応
「身内対応」と聞いても 「?」かもしれませんが このときママには神様の 言わんとすることが不思議に スーッとわかりました
そっかー お前は身内 みたいなものだから 今は後回し ってことかー
勉強しに来るなら お正月の忙しい ときはやめてくれ ってことねー
神様 ありがとう ございます

他の神社で
わからなかったことが
かかりつけ神社ではなぜ
教えてもらえる
のかというと
かかりつけ神社の
神様
他の神様
決してかかりつけ神社の
神様だけが特別に
パワーがすごくって
他の神社の神様が
パワーが弱いからと
いうわけではありません
例えて言うなら
ママにとって神様たちは
遠い雲の上の存在
神様たちが一生懸命
助けてくれていてもママには
その気配がわかりません
だけどかかりつけ神社の
神様は　わざわざママが
気づけるところまで
下りてきてくださって
教えてくれている
そんなイメージです
頼んだぞ
お来たか
つまり特別な霊山で
修行しなくても
近所の神社に
かかりつけ神社に
なってもらえれば
身近にいつでも会える
先生ができるということ！
まさに神様の
個人レッスンが
受けられる
わけです!!
神様からメッセージを
受け取れるのは頭が空っぽの
ふとした瞬間です
だけどお参りに行くときは
悩み事で頭がいっぱい
でも大丈夫
目をかけて
いただくと
バサッ
うあっ
神様が無理やり空っぽの
瞬間を作ってくれます

はっ
ひらめいた
風で
びっくりして
頭が真っ白に
なったせいね
神様
ありがとう
他にもこんなパターンや
バサッ
うわっ
こんなパターンもあります
うわっ
ズリッ
石
神社やお寺で
強い風が吹いたり
何かに驚いた瞬間
インスピレーションが
湧くことがありませんか？
悩み事は
神社ですると
いいですよ
きっと
神様からの
メッセージです
それでもわからないときは
おみくじを引くと
必ず神様が答えを
教えてくれます
おみくじ
かかりつけ神社の
神様は他にも色々なことを
ママに教えてくれます
神様ー　この間
他の神社に
行ったらひどい目に
あったんですー
虫を踏んで
びっくりしたん
ですよー
ジジジジー
なぜあんな
目にあったん
ですかねー？
憑きもの
落とし
ピッカーン
あっ
あとっ　引いた
おみくじ大事に
しまったのに
なくしたんですー
もって
かえろうー
ない!!
ショック
ですー
肩代わり
ピッカーン
あっ

そっか
悪いものを
引き取って
くれたのね
神様
ありがとう
神社で
嫌なことが
あっても
それは神様からの
プレゼント
開運!!
運気が上がる
サインですよ!
かかりつけ神社の
恩恵は他にも
ママは霊感体質なので
気がよどんでいるような
神社やお寺に行くと
体調を崩します
初めて行く神社や
お寺ではとても気をつかいます
う~
体が重い~
なので まずはかかりつけ神社
に行ってお伺いをたてています
神様~
行ってみたい
神社が
あるんです
私が行っても
大丈夫な所
でしょうか?
あ 応援して
くれている
ような気を
感じる
大丈夫
そうだな
一応
おみくじ
でも確認
吉
さしつかえなし
よしOK
神様ありがとう
○月○日に
行って来ます
お伺いをたててから行くと
初めて行った神社なのに
なぜか神様から
ものすごい大歓迎を
受けることがあります
うわっ
大っきい
蝶
神様
ありがとう
また
大っきい
蝶
きっとかかりつけ神社の
神様が
事前に
連絡してくださって
いるのかもしれません
ママが行くから
お頼み申す
承知

コラム ①

霊感がなくても大丈夫！「かかりつけ神社」を見つけて神様にかわいがってもらうコツ

神様にお願いと相談をして協力してもらう

かかりつけ神社を作るために、まず自分と相性のよい神社を見つけましょう。通える範囲で、なるべく力の強い神様がいいでしょう。

神様のお力や相性なんてわからない、という場合は、大きな神社を選ぶと間違いがないと思います。たくさんの人々の信仰を集めている大きな神社は、神様の力も強いからです。

地元で「初詣と言えばここ」「誰もがここに参拝する」という神社を何カ所かピックアップして、その中から探すとよいと思います。

参拝した先々の神様に「かかりつけ医院のように、日頃からお世話になれる神社を探しています」という事情をお話しすると、ぴったりの神社が見つかるように神様が協力してくれることでしょう。

最初はどこがいいのかわからなくても、何度か通っているうちに、「やっぱりこの神社が好きだな」「この雰囲気が落ち着く」という気持ちが出てくるはずです。

かかりつけ神社は、後から変えても大丈夫です。新しくお世話になりたい神社ができたら、元の神社の神様に今までお世話になったお礼を申し上げて、かかりつけ神社を変えましょう。

ほとんどの神様は大変お優しいので、選んだ神社を変えても怒ったりしません。決めるのは人間ですから、安心していて大丈夫です。

大好きな神様にかわいがってもらう方法

かかりつけ神社を見つけたら、とにかく神様に自分を気に入っていただきましょう。名前や住所はもちろん、家族や職業、自分の夢などこと細かにお話しします。

神前で長々とお祈りしなくても、境内は神様の気が満ちていますから、どこでお話ししても神様は聞いてくれています。声に出さずに、心の中でお話ししても大丈夫です。

ママはいつも神社に行くと、鳥居をくぐった瞬間から神様にあれこれ話しかけ、境内をうろうろしながら話したいことを一通り心の中で話し、最後に神前でご挨拶をして帰ります。

そうすると帰り際には不思議と気持ちがスッキリして、悩みへの答えも出ていることが多いのです。自分のことを知ってもらうほど、神様は目をかけてくださると思います。

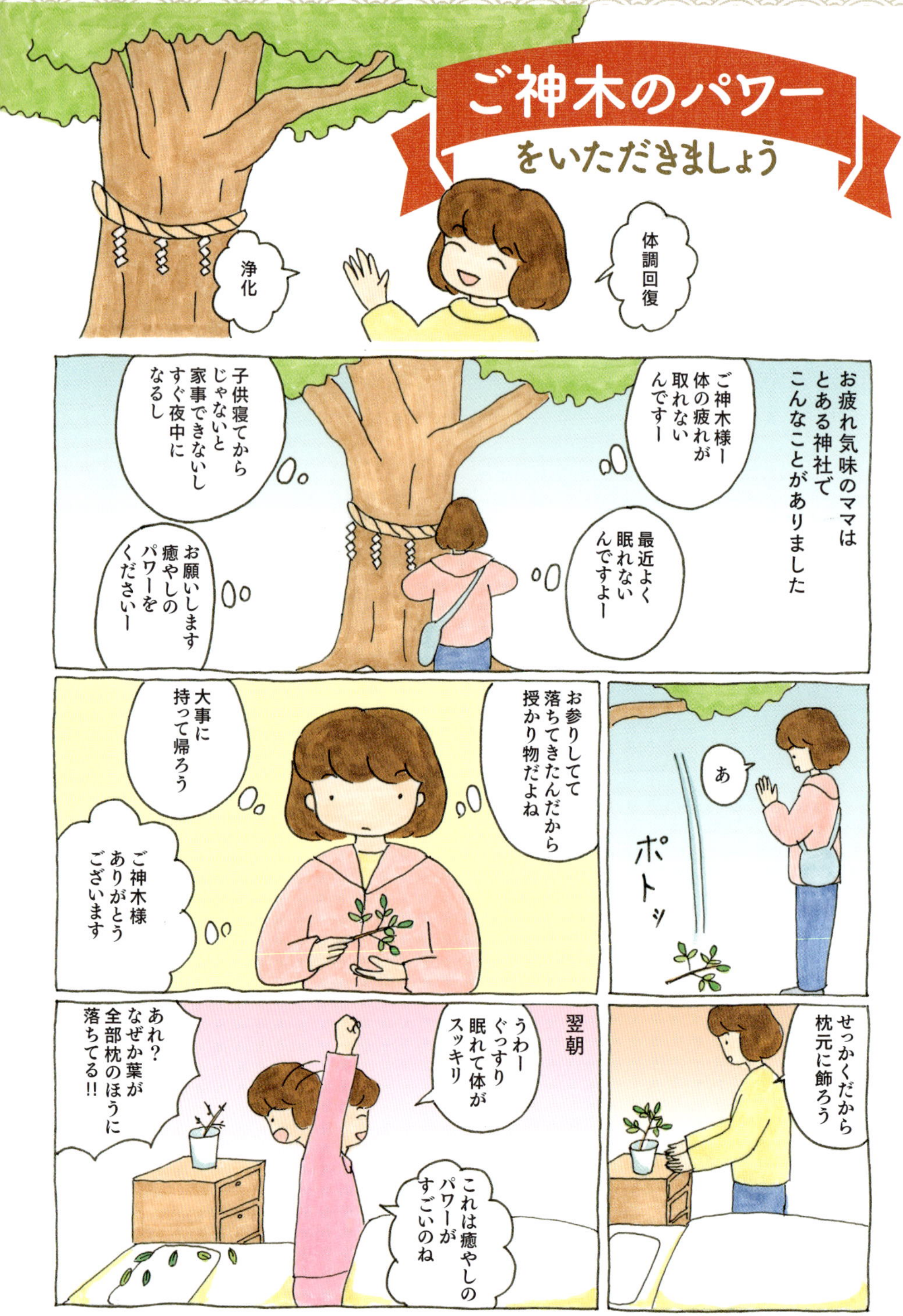
ご神木のパワー
をいただきましょう
体調回復
浄化
お疲れ気味のママはとある神社でこんなことがありました
ご神木様ー体の疲れが取れないんですー
最近よく眠れないんですよー
子供寝てからじゃないと家事できないしすぐ夜中になるし
お願いします癒やしのパワーをくださいー
あ
ポトッ
お参りしてて落ちてきたんだから授かり物だよね
大事に持って帰ろう
ご神木様ありがとうございます
せっかくだから枕元に飾ろう
翌朝
うわーぐっすり眠れて体がスッキリ
あれ?なぜか葉が全部枕のほうに落ちてる!!
これは癒やしのパワーがすごいのね

部屋もいつもよりスッキリ
浄化のパワーもすごいのね
いただいてくるポイントは若い小枝であること枯れているものはやめましょう
また自分で小枝を折っていただいてくるのは神様の恩恵ではないので絶対にやめましょう
ご神木にお参りするときは木に触らずに枝の下に立ってパワーをいただいたほうが
パワーをください
はぁ～癒やされる～
ご神木に快くパワーを分けていただけます
ご神木のない神社では神前でお願いをすると
神様ー体調悪いんですー
パン パン
助けてくださいー
境内の木の小枝を落としてくれることがあります
あっ
神社で小枝が落ちてきたら大切に持ち帰りましょう
体調回復病気回復にいいですよ
飾っていて枯れたらすぐに片付けましょう
枯れたものには邪気が宿ります
枯れたらそのまま捨ててかまいません

プチパワーを集めて開運

配布物をもらうときは神前でお願いして配布物にパワーを入れてもらい
神様お願いします
お守り代わりにしてもいいかもしれません
この紙にパワーを入れてください
お願いするときは賽銭箱《さいせんばこ》の上などちょっと高いところに置いてお願いしましょう
配布物には書いてある言葉の魂も宿っていますからなるべく気に入ったものを選ぶといいと思います
今日の言葉
素直であれ
どのくらいパワーを入れていただけるかは神様のお気持ち次第
できればきちんとお札やお守りを買うのがベストです
また大好きな神社の写真を家に飾るのもいいです
よく晴れた日の朝など清々しい写真がお勧めです
写真には神社のパワーが写り込んでいることがありますそういう写真は見ているだけでパワーをいただけます
よし今日も頑張るぞ
そうでない写真でも大好きな神社を眺めるとお参りした気分になれるので自浄力アップに役立ちます
家中どこに飾ってもOK
写真のパワーはなくならないのでずっと飾っておいて大丈夫です

神様のパワーを食べて開運

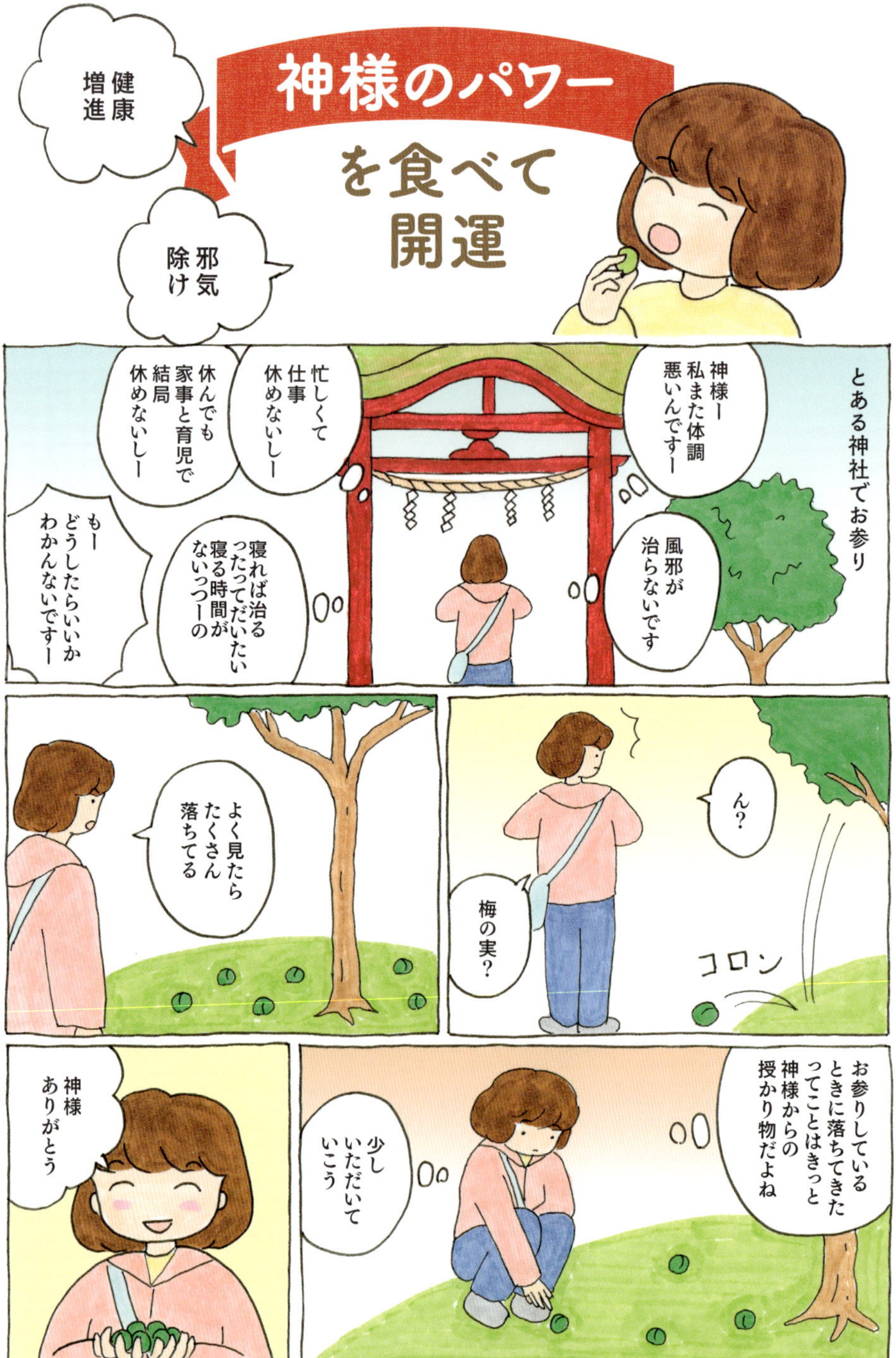

帰宅
持って帰ってきたけど　これどうしよう？
お守り的な感じでこのまま飾るもの？
それとも食べたほうがいいのかなぁ？
ねえ いろちゃん
神社で梅の実もらってきたんだけど　これどうしたらいいと思う？
食べたほうがいいよ
神様の力は食べて体の中に入れたほうがいいよ
そっかー神社で神様のパワーを浴びながら育った実だもんね
体に入れたら最強かも
よし 食べよう
クックパッドのレシピを見て一夜漬けでカリカリ梅を作りました
まっず 何これ いろちゃん いらなーい
いいもん ママが全部食べるもん
無理して食べてる
あー美味しいー
数日間ママの体力がパワーアップしました
ちょっとお高めの栄養ドリンクを飲んだときのような感覚です
神社の境内で神様のパワーを浴びながら育った梅の実には
ギュッと神様のパワーが詰まっています

ごちそうさま
あ 種どうしよう?
神社の種だから捨てちゃうのもったいないよね
とりあえず洗って乾燥
これは何か力が入ってるのかなー?
入ってるよ
これは元気の力がわーって感じだよ
よしママの枕元に置いてみよう
翌朝
ふおー これはすごい
部屋の気がいつもより澄んでる
特に梅の種の周り
それは例えば大きな氷を置いたときに
周りがひんやり感じるそんな感覚に似ています
神社で育った梅の種には邪気を吸い取るパワーがあります
これは盛り塩よりパワーがありますよ
半年間くらい効果が持続しました
もっとたくさん拾ってくればよかったー

コラム2

神様に失礼を働かずに「神社の木の実」から開運パワーをいただくには

食べられる実ならなんでもご利益あり

梅の実以外にも、銀杏《ぎんなん》や椎《しい》の実など、神社・お寺に落ちている実は神様・仏様の力を浴びて育っているので、なんでもパワーが詰まっていると思います。

いただけるものがあれば、積極的に拾っていただいてきましょう。ただし、神社・お寺によっては勝手に拾って持ち帰ってはいけないところもあると思うので、ご確認ください。

実をいただく際、まだ落ちていない、木になっている状態の実を採ることは、遠慮したほうがよいと思います。

まだ木になっているものは、育っている途中なので、授けていただいていい状態になっていないと思うのです。ママはそれを採って持ち帰るのは神様に失礼だと思っています。

また、落ちていても干からびて枯れているものはやめましょう。枯れたものには陰の気が宿ります。せっかく食べるなら、イキイキした生命力の強いものをいただいたほうがよいです。

皆さん、実を拾って神様の恩恵をいただきましょう。

プチスピ
おまけ
❶

ラッキーカラー

色にはパワーがありますが、そのパワーを引き出すには、
「この色が大好き!」という大前提が必要です。
金運によいからといって嫌いな色を身につけていても、
全く効果は発揮されません。
ママは大好きな色を身につけて、その色の恩恵をいただくのが
一番の開運なんじゃないかと思います。

仏様にも聞いた

もっと！かかりつけ神社＆寺院

超開運術

神様見習いを始めて
いろはママの霊能力は成長中！
ここからはさらに深掘りして
かかりつけ神社・寺院の選び方や
お参りのコツ、知っておくとためになる
お守りやお札のあれこれを紹介します！

初心者でも簡単♪

神社・お寺の選び方

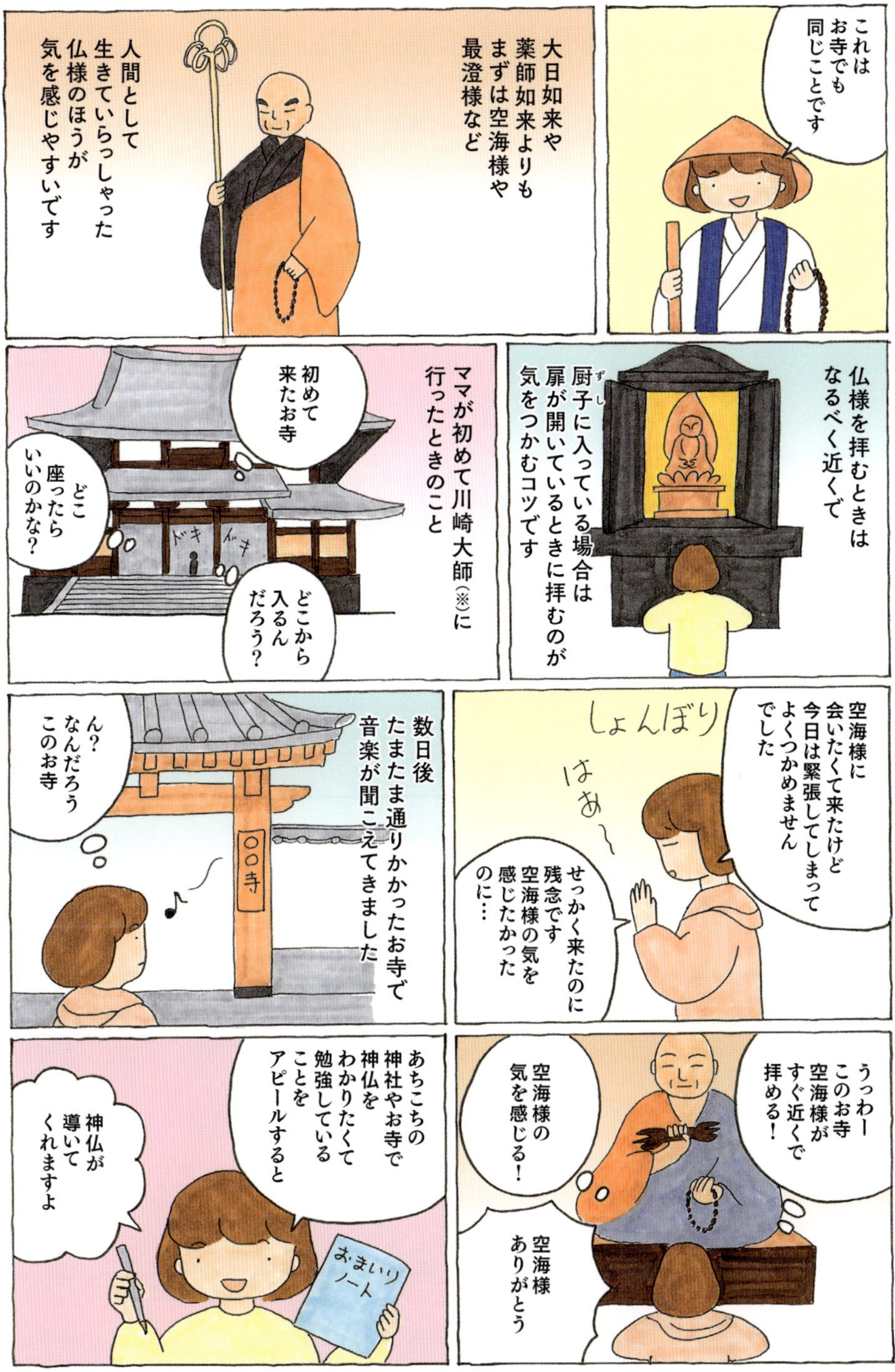
これは お寺でも 同じことです
大日如来や 薬師如来よりも まずは空海様や 最澄様など
人間として 生きていらっしゃった 仏様のほうが 気を感じやすいです
仏様を拝むときは なるべく近くで
厨子《ずし》に入っている場合は 扉が開いているときに拝むのが 気をつかむコツです
ママが初めて川崎大師(※)に 行ったときのこと
初めて 来たお寺
ドキ ドキ
どこから 入るん だろう?
どこ 座ったら いいのかな?
空海様に 会いたくて来たけど 今日は緊張してしまって よくつかめません でした
しょんぼり
はあ〜
せっかく来たのに 残念です 空海様の気を 感じたかった のに…
数日後 たまたま通りかかったお寺で 音楽が聞こえてきました
○○寺
ん? なんだろう このお寺
うっわー このお寺 空海様が すぐ近くで 拝める!
空海様の 気を感じる!
空海様 ありがとう
あちこちの 神社やお寺で 神仏を わかりたくて 勉強している ことを アピールすると
神仏が 導いて くれますよ
おまいり ノート

※神奈川県川崎市

またご利益で神社を選ぶ場合は身近なお願いはなんといってもお稲荷さんです
普通の神社では小さなお願い事は神様の優先順位から外れてしまい聞き入れてもらえないことが多いのですが
しら〜
ビンゴ大会当たりますように
観劇チケットいい席が取れますように
相手にしてくれない
お稲荷さんは眷属が多いのでたいへん面倒見がよく
小さなお願いでも聞き入れてくれます
ママはよく子供のサポートをお願いしています
徒競走1番になりたいー
よしお稲荷さんのお守りつけてって来てくださいって頼んでね
お守りを身につけてお稲荷さんを呼ぶと
かけつけてサポートしてくれます
なるべく新しいお守りを
こまめにお参りに行って目をかけていただくと
お稲荷さんおはようございます
いつもありがとうございます
お守りを持っていないときでも
しまったースーパーのタイムセール
よく助けてくださいます
お稲荷さんお願い！残ってますように！
うなぎ ¥500
あった
ラスト1個お稲荷さんありがとう

神様を感じる 歓迎のサイン

歓迎のサインは他にも
バササッ
急に大きな風が吹いたり蝶が飛んできたり
ちょうどご祈祷が始まったり
太鼓や音楽が聞こえてきたり
境内にいる鳥にも話しかけてみてください
鳥さん鳥さんこんにちは
あなた神様のお仕事してる鳥ですか？
すると鳥が返事をしてくれることも
キメポーズ!
キー
うわっありがとう
歓迎のサインがよくわからなかったときは
神様のことをわかるようになりたいです
神前で神様にお願いします
勉強したいので私にもわかるサインをください
ほとんどの神様は勉強しに来た人に力を貸したいと思っているので
うわっおみくじ大吉
大吉
信心せよ
神はいつもそばに
必ずサインを送ってくださいます
さらにこんなこともあります
ニャー
とある神社でママは神様の気がつかめずに困っていました
んーどんな神様なのかわかんないなー
いつも優しそうとか厳しい感じとかわかるんだけどなー
神様〜わかんないよ〜

コラム

わかる力がなくても大丈夫！神様にたくさんお話ししましょう！

東京大神宮での歓迎のサイン

ママが体験した歓迎のサインでは、こんなこともありました。

天照《あまてらす》大神《おおかみ》をお祀りしている東京大神宮に初詣に行ったときのことです。

その日は大変な混雑で、たくさんの人が並んでおり、ママもじっと順番を待ちながら、心の中であれこれ神様に話しかけていました。

「お～い、神様、いらっしゃいますか～？　私には神様がいらっしゃるのかどうかわからないんですけど、もしいらっしゃるなら、私にもわかるように教えてくださ～い」

そう話しかけた直後、ママの顔に日光が当たりました。ママが並んでいた辺り一帯は日陰なのに、ママの顔にだけピンポイントで眩しい日の光が当たったのです。見ると、近くのビルの看板が風に揺らいで、反射光がママの顔に差していました。

「うわ！　神様、ありがとうございます！」そうお礼を申し上げたとたん、風の揺らぎが治まり反射光は消えました。太陽の神様らしい歓迎でした。

運気が超アップする

お参りのコツ

【神社編】

次はお参りのコツです
神様の恩恵をしっかり受け取りましょう
神社の境内には神様の気が充満しているのでいるだけで浄化になります
心の中で神様に色々お話ししましょう神様は聞いてくれています
なるべく時間をかけてゆっくり散策しましょう
普段　寄ってくる悪いものは主に背中についています
背中をキレイに祓っていただくのがお参りのコツです
だけどさすがに神様にお尻を向けてお参りするのは気が引けるので
前を向いてしっかり深々とお辞儀をしてお参りしましょう
二礼二拝してお願い事を
そして最後の一礼を深々と
このとき神様が背中を祓ってくださいます

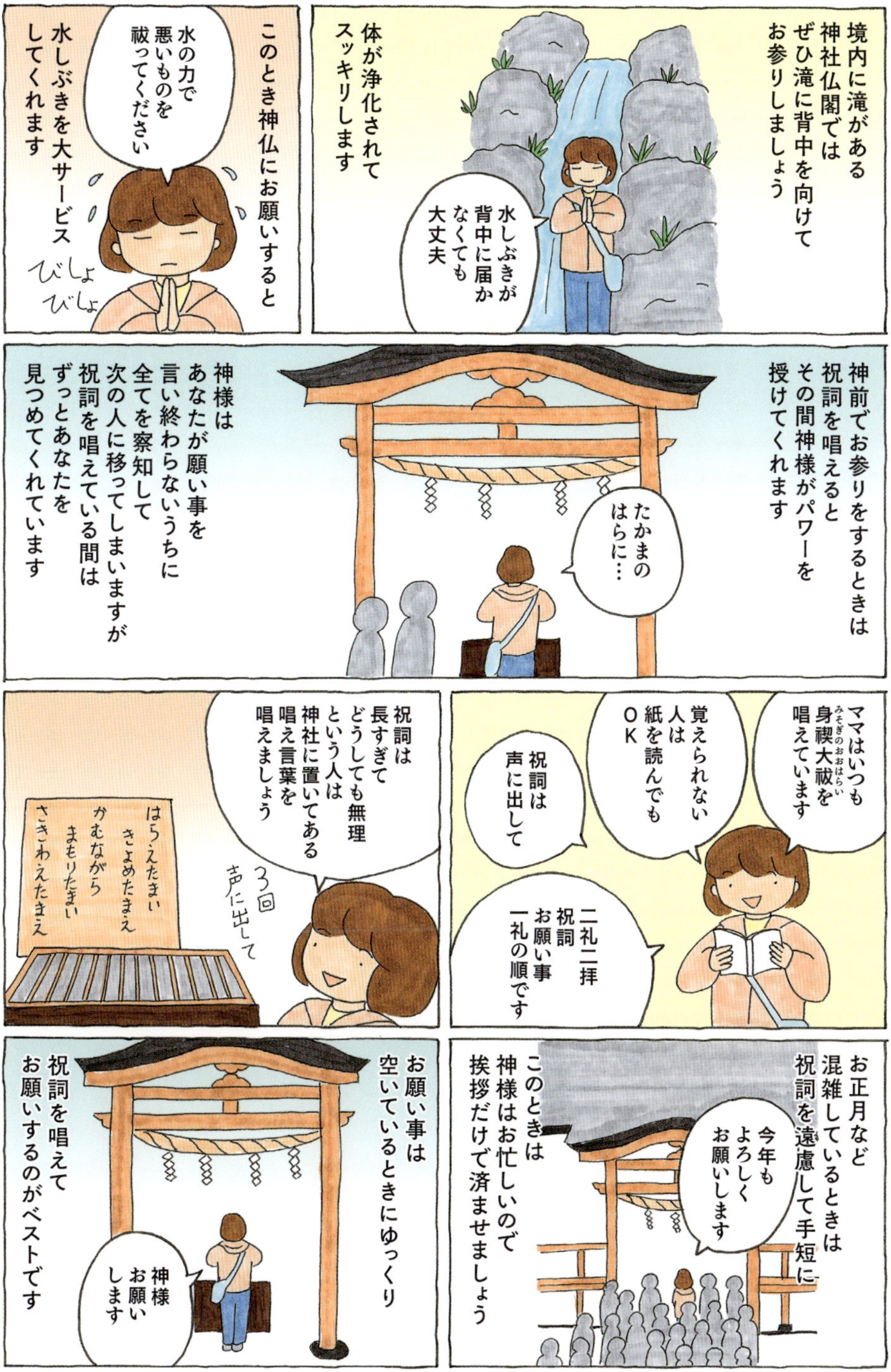
境内に滝がある
神社仏閣では
ぜひ滝に背中を向けて
お参りしましょう
水しぶきが
背中に届か
なくても
大丈夫
体が浄化されて
スッキリします
このとき神仏にお願いすると
水の力で
悪いものを
祓ってください
びしょ
びしょ
水しぶきを大サービス
してくれます
神前でお参りをするときは
祝詞を唱えると
その間神様がパワーを
授けてくれます
たかまの
はらに…
神様は
あなたが願い事を
言い終わらないうちに
全てを察知して
次の人に移ってしまいますが
祝詞を唱えている間は
ずっとあなたを
見つめてくれています
ママはいつも
身禊大祓《みそぎのおおはらい》を
唱えています
覚えられない
人は
紙を読んでも
OK
祝詞は
声に出して
二礼二拝
祝詞
お願い事
一礼の順です
祝詞は
長すぎて
どうしても無理
という人は
神社に置いてある
唱え言葉を
唱えましょう
3回
声に出して
はらえたまい
きよめたまえ
かむながら
まもりたまい
さきわえたまえ
お正月など
混雑しているときは
祝詞を遠慮して手短に
今年も
よろしく
お願いします
このときは
神様はお忙しいので
挨拶だけで済ませましょう
お願い事は
空いているときにゆっくり
神様
お願い
します
祝詞を唱えて
お願いするのがベストです

ではお正月のお参りは意味がないのかというとそうではありません
きっちり季節ごとの挨拶に行く人は神仏にかわいがっていただけます
ママはお世話になっている神社には年末にお礼参りに行き
そこで翌年のお願い事をしています
お願い事をしている神様には年に1度はお参りしましょう
お願い事を叶えていただいたら必ずお礼参りを
お礼参りに行けない遠方の神社ではお願いはしません
祓ってもらったりエネルギーをいただくのはOK
さらにお参りで浄化された後にも注意が必要です
ママはこんなことがありました
金縛り
ウゲッ
お参りしてきたのになんでー？
これはお参りで急激に浄化された反動があるためです
スッキリ
魂が輝いて目立っている状態なので
居酒屋
やきと
帰り道に繁華街など気がよどんでいるところを通ると「助けてほしい」という幽霊を引き寄せてしまいます
これは大自然の中で癒やされてスッキリした後や
パワースポットでパワーを充填した後も同じです
境内を出たらお酒を1口飲んで精進落としをしましょう
お酒がダメな人は乳製品やお肉でもOK

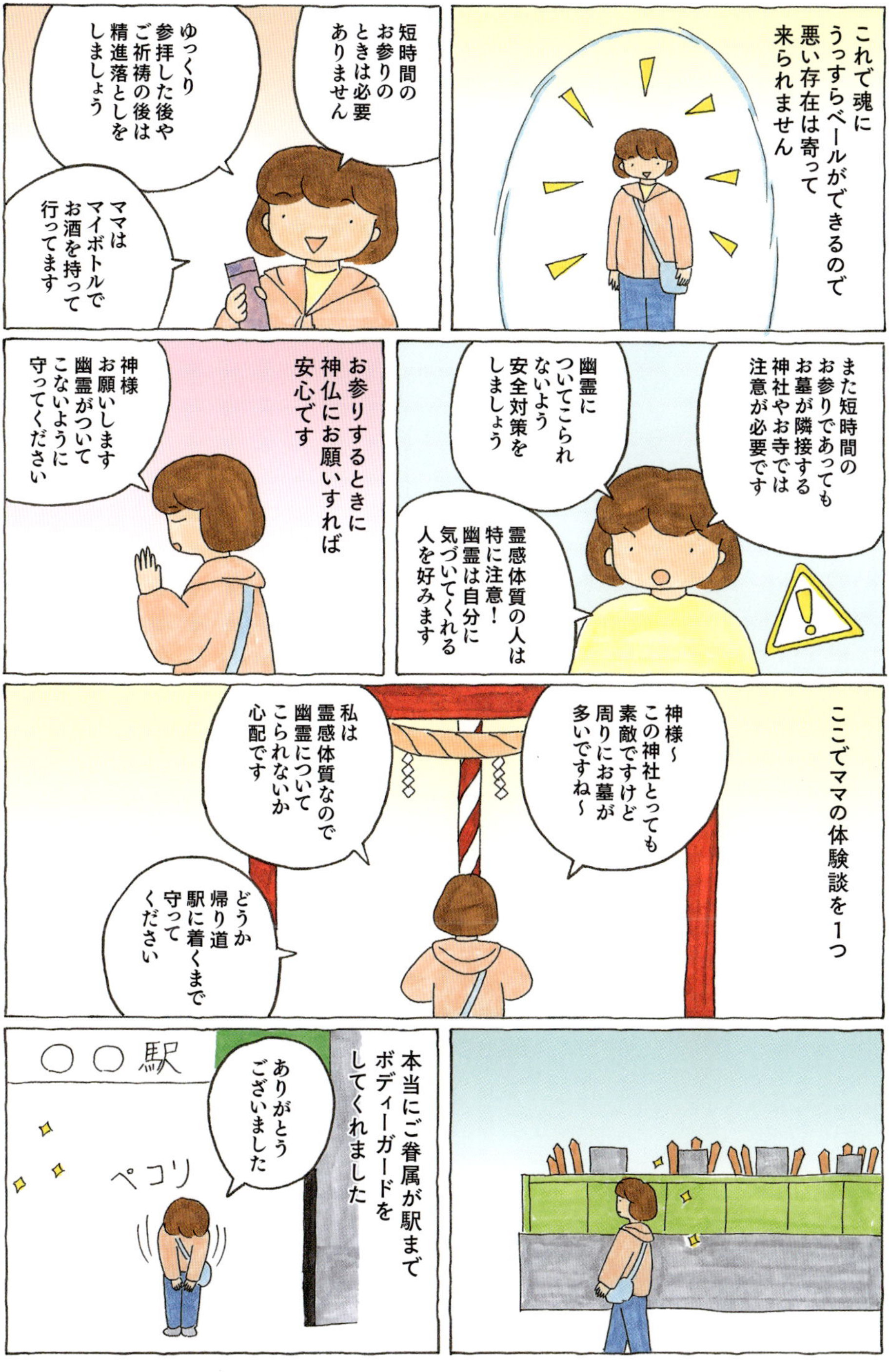

これで魂にうっすらベールができるので悪い存在は寄って来られません
短時間のお参りのときは必要ありません
ゆっくり参拝した後やご祈祷の後は精進落としをしましょう
ママはマイボトルでお酒を持って行ってます
また短時間のお参りであってもお墓が隣接する神社やお寺では注意が必要です
幽霊についてこられないよう安全対策をしましょう
霊感体質の人は特に注意！幽霊は自分に気づいてくれる人を好みます
お参りするときに神仏にお願いすれば安心です
神様お願いします幽霊がついてこないように守ってください
ここでママの体験談を1つ
神様～この神社とっても素敵ですけど周りにお墓が多いですね～
私は霊感体質なので幽霊についてこられないか心配です
どうか帰り道駅に着くまで守ってください
本当にご眷属が駅までボディーガードをしてくれました
ありがとうございました
ペコリ
〇〇駅

スッキリ癒やされる！

お参りのコツ

【お寺編】

次はお寺での
お参りの
コツです
神社とお寺
どちらにお参り
したらいいの？
と思うこと
ありませんか？
お願い事を叶えて
くださるのは神社もお寺も
同じですが
心願成就
どちらかといえば
将来の夢を叶えたいなどの
お願い事は神社の神様
病気を治したい体の疲れを
取りたいというお願い事は
お寺の仏様が得意です
病気平癒
仏様
体に病気が
見つかり
ました
よくなり
ますように
手術のお願いをするときは
お寺で病院の名前や場所
手術の日時を細かく伝え
○○病院
2月
お守りを
持って行き
ますので
守って
ください
お守りを購入して
守っていただきましょう
また亡くなったかたを
成仏させてあげたい
亡くなったかたに
感謝を伝えたいなど
霊的なお願いは
仏様にします
夢や目標を
叶えるなら
神社
癒やされ
たいならお寺が
お勧めです

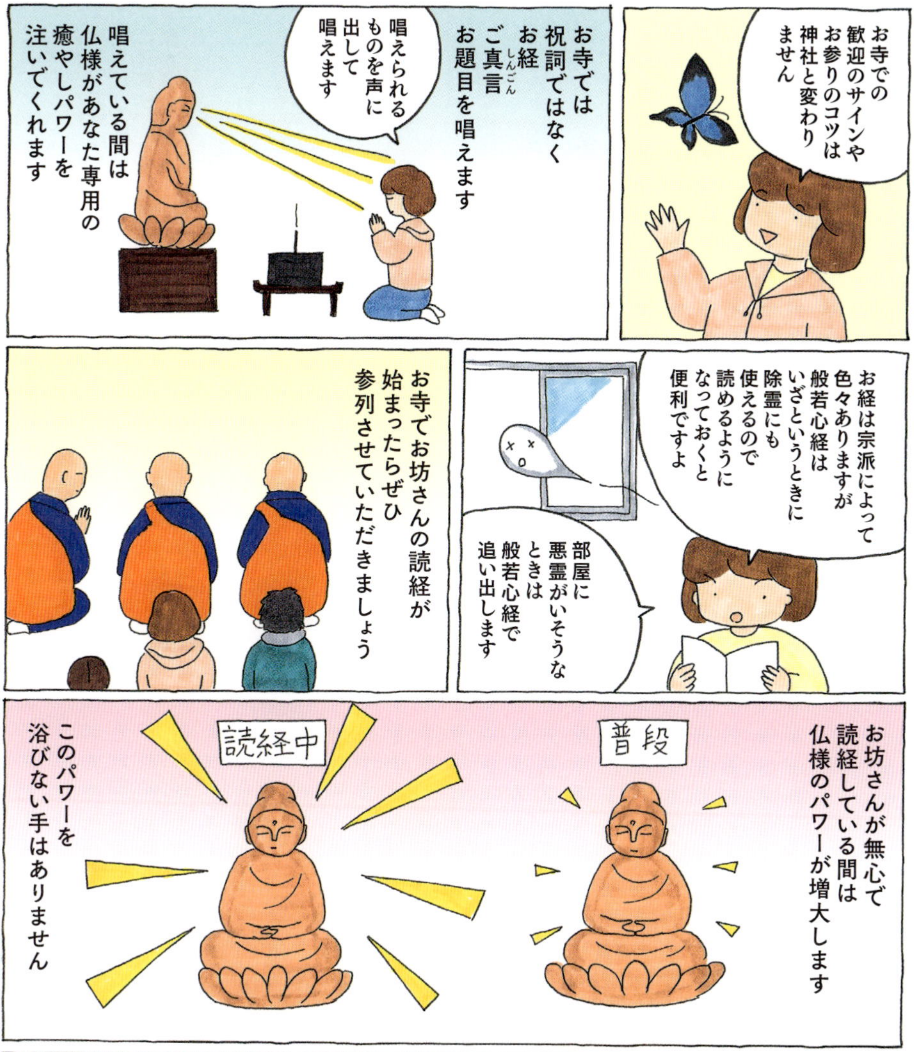
お寺での歓迎のサインやお参りのコツは神社と変わりません
お寺では祝詞ではなくお経ご真言《しんごん》お題目を唱えます
唱えられるものを声に出して唱えます
唱えている間は仏様があなた専用の癒やしパワーを注いでくれます
お経は宗派によって色々ありますが般若心経はいざというときに除霊にも使えるので読めるようになっておくと便利ですよ
部屋に悪霊がいそうなときは般若心経で追い出します
お寺でお坊さんの読経が始まったらぜひ参列させていただきましょう
お坊さんが無心で読経している間は仏様のパワーが増大します
普段
読経中
このパワーを浴びない手はありません
ただし「お坊さんの無心の読経」というのがカギです
助けてほしい
なむみょうほうれん〜
参列者が一緒に読経すると念が混ざりお坊さんの読経の妨げになります参列中は読経を遠慮しましょう
一緒にご唱和くださいと言われたときはOKです

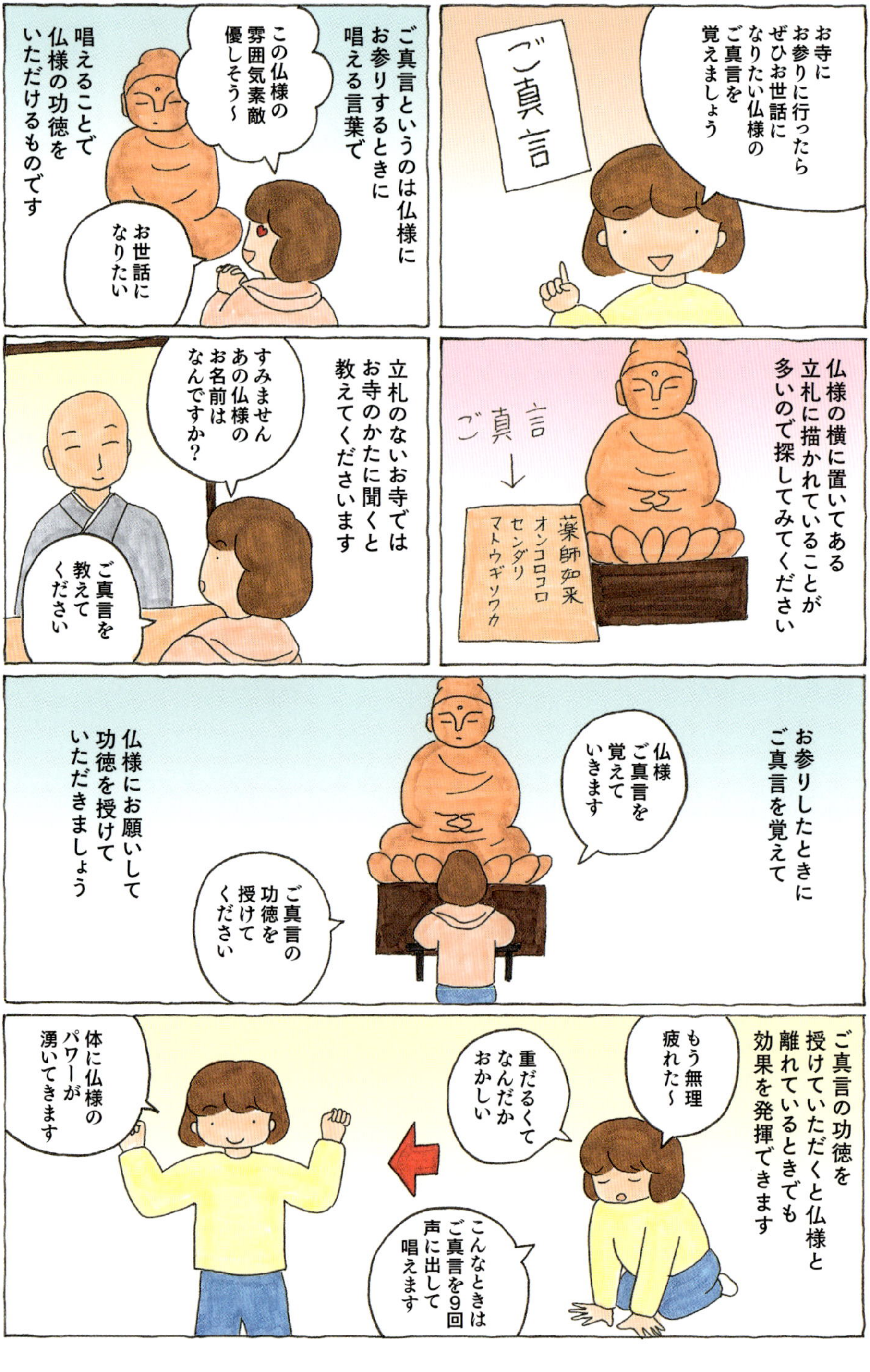
お寺に お参りに行ったら ぜひお世話に なりたい仏様の ご真言を 覚えましょう
ご真言
ご真言というのは仏様に お参りするときに 唱える言葉で
この仏様の 雰囲気素敵 優しそう〜
お世話に なりたい
唱えることで 仏様の功徳を いただけるものです
仏様の横に置いてある 立札に描かれていることが 多いので探してみてください
ご真言
薬師如来 オンコロコロ センダリ マトウギソワカ
立札のないお寺では お寺のかたに聞くと 教えてくださいます
すみません あの仏様の お名前は なんですか？
ご真言を 教えて ください
お参りしたときに ご真言を覚えて
仏様 ご真言を 覚えて いきます
ご真言の 功徳を 授けて ください
仏様にお願いして 功徳を授けて いただきましょう
ご真言の功徳を 授けていただくと仏様と 離れているときでも 効果を発揮できます
もう無理 疲れた〜
重だるくて なんだか おかしい
こんなときは ご真言を9回 声に出して 唱えます
体に仏様の パワーが 湧いてきます

知って安心！
お守り＆お札のあれこれ

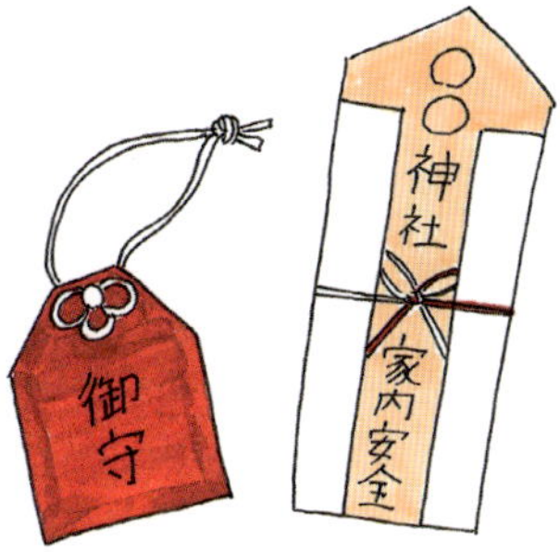

お守りお札は混雑時を避けて空いているときに購入したほうがいいかもしれません
お守りやお札を購入すると神仏があなたに合ったパワーを入れてくれます
神様 病気が治るようにこのお札にパワーを入れてください
普通に購入しただけでも入れてくれてますが神前でお願いするとより丁寧でよいでしょう
ママは新居に引っ越しをするときにこんなことがありました
神様 新居用のお札をいただいていきます このお札に強い力を入れて新居に悪いものがいたら追い出してください
うわっ すごい力入れてくれた 手が痺れる
霊感ゼロのパパでもわかるほどのパワーを入れてくださいました
ほんとだ すごいねー
ここぞというときはぜひ神前でパワーを入れていただきましょう
お守りやお札の効果は購入したときがMAX だんだんパワーが少なくなっていきます
御守
御守
パワーが少なくても残っているうちはときどき神仏が見回りに来て宿ってくれることがあります
神仏が宿っているときだけはお札やお守りのパワーが強くなるので
敏感なかたは気づくと思います
あったかい 神様来てる
パワーがゼロになると神仏は宿らないので
古いお札・お守りはNGです
お札やお守りは早めに買い替えましょう

黄色　とにかく体調が悪くて元気が欲しかったとき

赤　仕事で営業活動をガンガン頑張るパワーが欲しかったとき

青・紺　ゆっくり自分と向き合いたかったとき
じっくり勉強したかったとき

緑　イライラを鎮めて優しい気持ちになりたかったとき

紫　今が充実していて幸せ
この気持ちを持ち続けたかったとき

白　娘用に選んだとき（娘の身の安全を守ってほしい）

ウィズコロナでも

神仏とつながれる！自宅参拝術

2020年はコロナ禍で外出自粛お参りに行けない日々が続きました
神社にお参りに行きたいけれどどうしても行けないときありますよね
そこでママが気づいた自宅でのお参りのコツをお伝えします
自宅やほかの場所でお参りするときは
神社でお参りするときと同じ方角を向いてお参りします
つまり西を向いてお参りする神社であれば
北
東
西
南
自宅が神社よりも西側にあっても
自分が向く方角は西向きです
自宅
神社
西
同じ方角を向き神社でお参りしているつもりで頭の中で光景を想像してお参りしてみてください
来た来たあの感じ
神社で感じる気と同じ気を感じ取れます
屋内よりも屋外のほうが感じ取りやすいです

神社の気を感じ取れるということはきっと神様にも気持ちが届いていると思います
ママはときどき寝る前にお参りしています
気持ちが落ち着きますよ
どうしても今すぐ助けてほしいことがあるときは
お守りを持って神様を呼ぶというのも手です
助けて!!
ちなみにうちの娘は6歳のとき自宅で神様とお話しするときはいつも北を向いて話していました
北向き
二礼二拝
パン
パン
これは娘と一緒によくお参りに行っていた天神様が北向きにお参りする神社だったからではないかと思います
北
南
一方仏様にお参りしたいときはというとこれは方角は関係ありません
ご真言を唱えて
お姿を思い浮かべてください
いつでもどこでも仏様のお力をいただけます
神仏は離れていても見守ってくれています

サインがいっぱい！
ママの参拝日記

バッサ
バッサ
うわぁ
わかりましたよー
今度は何か食べてる
卵?
わかりましたってばー
神様しつこい
食事中の動物に会うことは縁起がいいです
たくさん歓迎してもらえた気がする
嬉しいなぁ
せっかくだからおみくじ引いていこう
はあー
13番
誤解あれどうち解けり
迷惑ですか?
やっぱり誤解だったのね
神様ありがとうございます
にんまり
せっかくだからもう1つおみくじ引いていきます
今度は私へのアドバイス的なものをぜひー
おみくじ
全く同じおみくじ!
13番
誤解あれどうち解けり
神様マジしつこい
わかりましたってばー
ちなみにこの氷川神社では行くたびに虫が絡んできて豪快に憑きもの落としをしてくれます
ひいっ
ズボッ
大きいハチ
ブンッ
ひいっー
虫は勘弁してよー

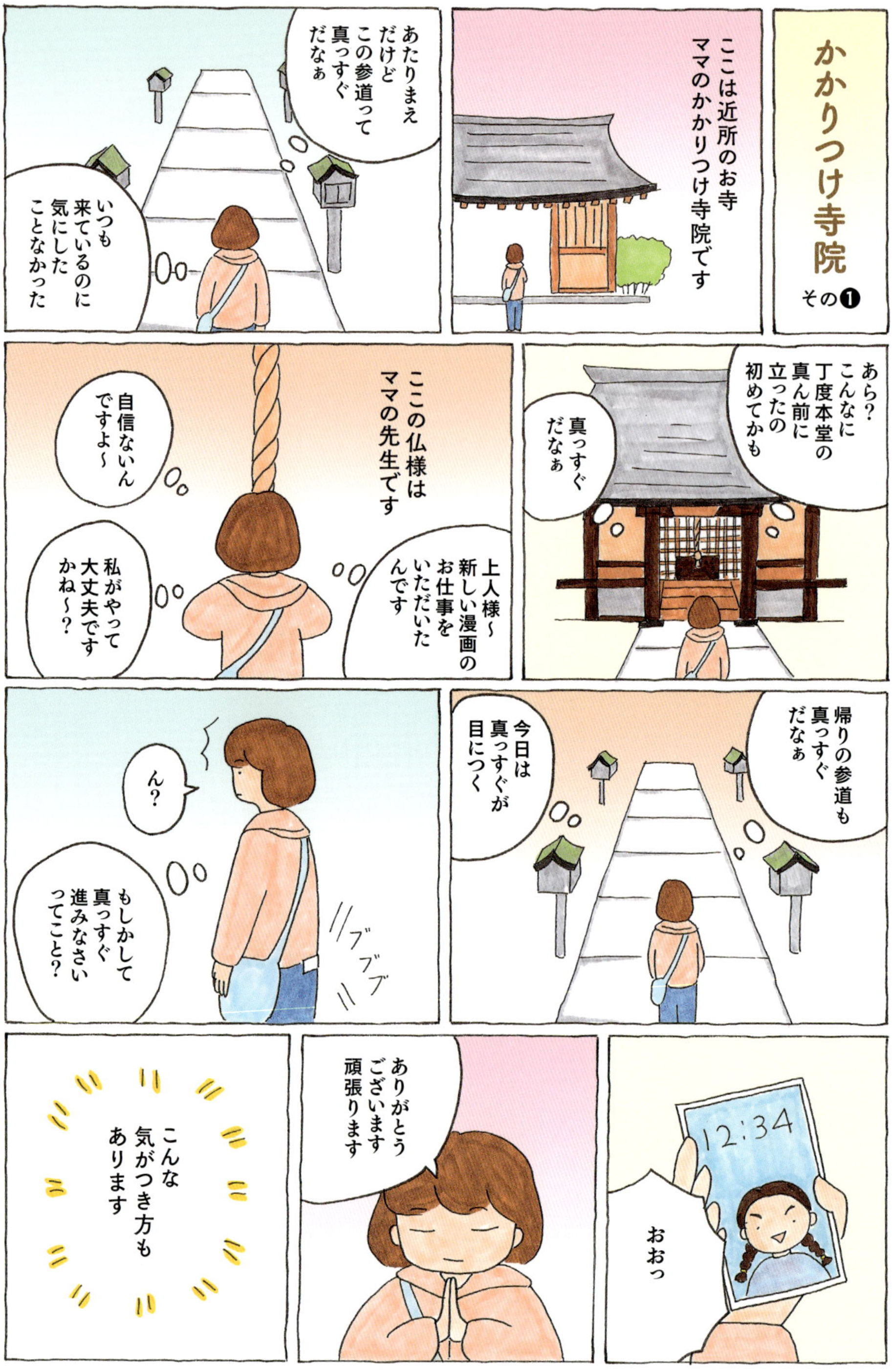
かかりつけ寺院
その❶
ここは近所のお寺 ママのかかりつけ寺院です
あたりまえだけど この参道って 真っすぐだなぁ
いつも来ているのに 気にしたことなかった
あら? こんなに丁度本堂の真ん前に立ったの初めてかも
真っすぐだなぁ
ここの仏様はママの先生です
上人様～ 新しい漫画のお仕事をいただいたんです
自信ないんですよ～
私がやって大丈夫ですかね～?
帰りの参道も真っすぐだなぁ
今日は真っすぐが目につく
ん?
ブブブ
もしかして真っすぐ進みなさいってこと?
12:34
おおっ
ありがとうございます 頑張ります
こんな気がつき方もあります

かかりつけ寺院
その❷
かかりつけ寺院ではこんなこともありました
神様仏様の勉強をしています
私を導いてください
人の役に立ちたいです
ママはいつもこのお寺に来るときは本堂にだけお参りしていて
本堂の外の仏様はスルーしていました
たくさんあるから全部お参りしてたら大変
ある日のことママは瞑想をしていました
瞑想中
ぐで〜
ドーン!!
え? 何なに?
今ママの体に光が入ってきた
ピコーン
弁財天
これはいったい…
そう思ったときママの頭に文字と仏像の姿が浮かびました

たしかいつものお寺に弁財天がいた
あの仏様かもしれない
慌ててお寺に駆けつけると
はあ
はあ
弁財天様に虹がかかっていました
ダブルレインボー
うわ〜やっぱり!!
ご真言覚えよ…
一生懸命生きていると自分から信仰していなくても
神仏のほうから手を挙げてご縁をくださることがあるようです

いろはママが
ご神前で唱えているのはこれ!

身滌大祓

みそぎのおおはらい

たかまのはらに　かむづまります　かむろぎかむろみの　みこともちて
高天原に　神留座す。　神魯伎　神魯美の詔以て。
すめみおやかむ　いざなぎのおおかみ
皇御祖神　伊邪那岐大神。
つくしの　ひむがの　たちばなの　おとの　あわぎはらに
筑紫の　日向の　橘の　小戸の阿波岐原に
みそぎはらえたまいしときに　あれませる　はらいとのおおかみたち
御禊祓へ給ひし時に　生座る　祓戸の大神等。
もろもろのまがごと　つみけがれを　はらいたまえ
諸々の枉事　罪穢れを　拂ひ賜へ
きよめたまえと　もうすことのよしを
清め賜へと　申す事の由を
あまつかみ　くにつかみ
天津神　国津神。
やおよろずのかみたちともに
八百萬の神等共に
きこしめせと　かしこみかしこみもうす
聞食せと　恐み恐み申す。

世の中ぜ～んぶの
神様たちもろもろ
ぜ～んぶお願い！
という
最強の言霊です

【現代語訳】
高天原にいらっしゃいますカムロギの神様とカムロミの神様のご神命をもちまして、皇室の祖となられたイザナギノオオカミが九州の日向の国の、橘の小戸の阿波岐原で禊ぎをした際にお生まれになった、祓いを司る神様がたよ。
さまざまな災難、罪、穢れをお祓いくださいますよう、そして清めてくださいますようお願いいたしますことを、天の神様や地上の神様、そのほかすべての神様がたも一緒にお聞き届けくださいますよう、恐れながら申し上げます。

プチスピ
おまけ
❷

ゾロ目

ゾロ目の数字を見かけると
ラッキーだとかよく聞きますよね。
ママは夜中に金縛りに遭ったり
悪霊の気配を感じたりしたときに、
ふと時計を見るとゾロ目であることが多いです。
良くも悪くも霊的なものと
つながりやすい瞬間なのだと思います。

金運アップのご利益

ダキニ天様とつながる開運秘法♪

仏教の天部の神様である「ダキニ天」様。いろはママが実際にダキニ天様にお会いしてわかった意外な真実頭に金運のモミを授かる方法を大公開!!

大岡越前守忠相（おおおかえちぜんのかみただすけ）が豊川稲荷からダキニ天を勧請し、屋敷稲荷として自邸で祀ったことが現在の東京別院の端緒となっている

豊川稲荷 東京別院

「御影守」に祈って金運アップの「モミ」をいただくコツ

愛知県に本院があり 全国に5つの別院が

ママの大好きな寺院、豊《とよ》川稲荷《かわいなり》東京別院をご紹介いたします。

豊川稲荷とは、本院は愛知県豊川市にある曹洞《そうとう》宗《しゅう》のお寺です。「稲荷」というと、一般的には神社を想像しますが、こちらは寺院なんです。

ご本尊が「豊川吒枳尼《だきに》眞天《しんてん》」（ダキニ天）という仏教の神様で、白い狐にまたがったお姿をされていることから、稲荷と呼ばれているそうです。お寺だけど、境内には鳥居が立っていて、たくさんのお稲荷さんが祀られています。

本院のほか、東京・大阪・横須賀・札幌・福岡に別院があります。ママは、残念ながら、本院には行ったことがないのですが、東京別院が大好きでよくお参りに行っています。

豊川稲荷東京別院を知ったのは、桜井《さくらい》識子《しきこ》さんの『「神様アンテナ」を磨く方法』（KADOKAWA）を読んだことがきっかけです。

この著書に、桜井さんがダキニ天様から見えない世界のモミを1粒頭のてっぺんに授かった、というエピソードが書かれていました。このモミが黄金色の稲穂に育つと、お金が入って豊かになるそうなのです。

そんなご利益があるならぜひとも授かりた〜い！　何しろ、うちの娘は小学生。これからまだまだ学費がかかるときだというのに、パパはウツ病です。この先、出世どころか、クビになるかもしれません。お金のことが心配です。

そんなわけで家族揃って東京別院にお参りに行きました。が、ここのダキニ天様は、厳しいタイプのご性格です。

初めてお参りに行ったとき、奥の院で般若心経を唱えると、ダキニ天様が出てきてくださいました。ママの霊感は微妙なのではっきりお姿は見えませんが、目の前に輝かしい存在感を感じました。

そこで「お金のことでお願いに来ました」と話した途端、目の前の輝きが消えました。ダキニ天様が引っ込んでしまわれたのです。必死になってお願いしても再び出てきてはくれず、なんだか「お前もお金のことか、いい加減にしろ」的な、しら〜っとした空気を感じるのです。

厳しさと優しさを兼ね備えた神様

その後、日を改めて2回目のお参り、さらに日を改めて3回目のお参りをしましたが、いずれもダキニ天様は出てきてくれません。なかなかの厳しさです。だけど令和元年、元号が変わったタイミングで4回目のお参りに行ったときのことです。

「新しい時代の始まりなのでご挨拶に来ました」とお話ししたところ、ダキニ天様が再び出てきてくださいました。礼儀を重んずる人には応えてくれる神様のようです。年始の挨拶や節目ごとの挨拶を心がけると、ダキニ天様に目をかけていただきやすいかもしれません。

4回目のお参りで、金運に関するお願い事をしましたが、やっぱりそのときもモミを授けてもらえませんでした。モミを授かるのは、かなりハードルが高いようです。

諦めきれなかったママは「御影守《みかげまもり》」を購入してきました。これも桜井識子さんがブログで紹介されていたお守りですが、なんと、これがすごいんです！　体験してわかった真実を、マンガで詳しくご紹介いたします！

というわけで
買ってきました御影守《みかげまもり》!!
豊川吒枳尼真天
福壽圓満
ジャ〜〜ン!!
これは立てて飾っておくタイプのお守りです

豊川稲荷東京別院（宗教法人豊川閣妙厳寺）
○宗派　曹洞宗　○山号　圓福山　○創建　文政11年（1828年）　○ご本尊　豊川吒枳尼眞天
○ご利益　商売繁盛、家内安全、福徳開運ほか　○所在地　住所　東京都港区元赤坂1-4-7

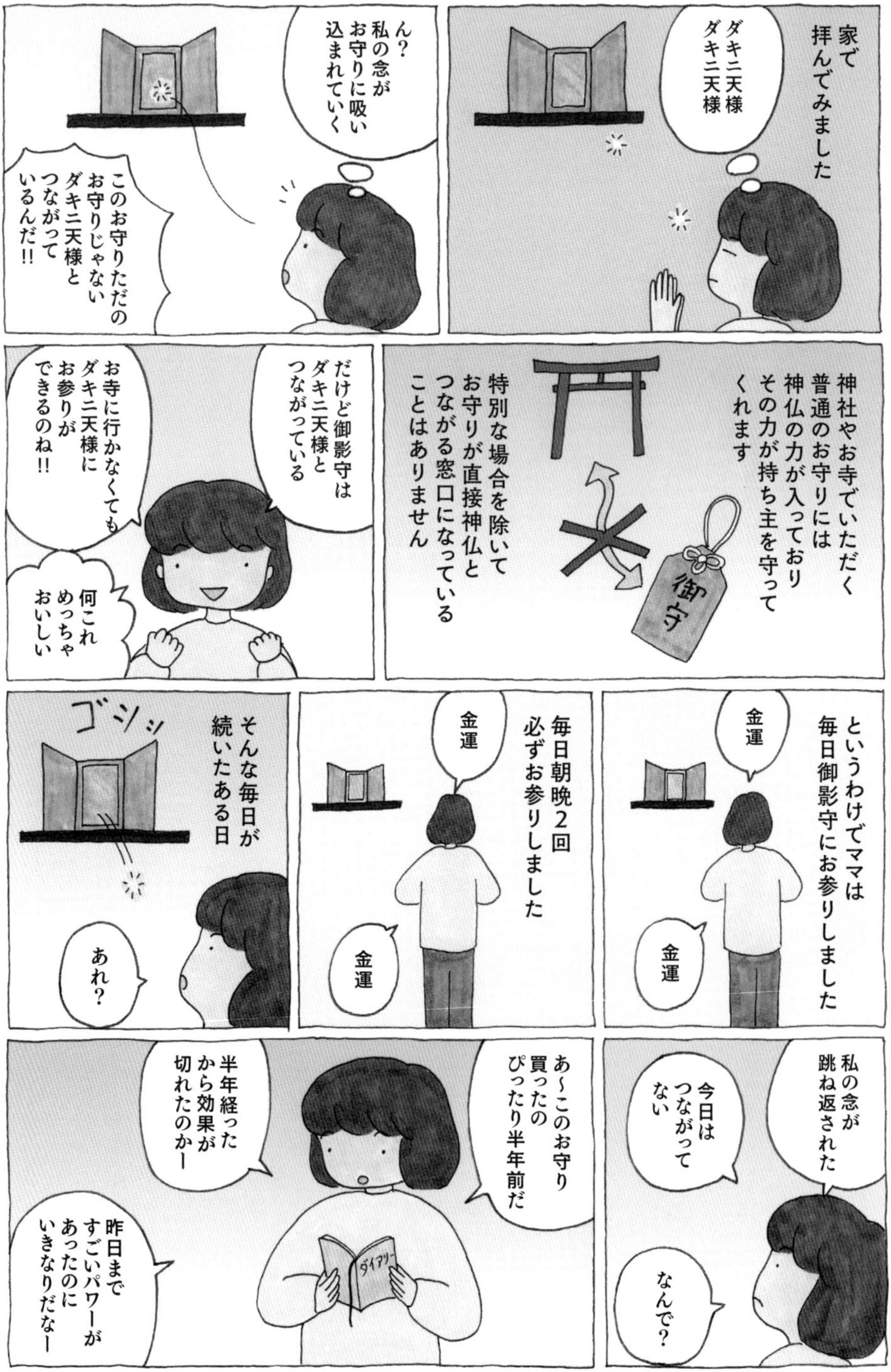
家で拝んでみました
ダキニ天様ダキニ天様
ん？私の念がお守りに吸い込まれていく
このお守りただのお守りじゃないダキニ天様とつながっているんだ!!
神社やお寺でいただく普通のお守りには神仏の力が入っており その力が持ち主を守ってくれます
特別な場合を除いてお守りが直接神仏とつながる窓口になっていることはありません
御守
だけど御影守はダキニ天様とつながっている
お寺に行かなくてもダキニ天様にお参りができるのね!!
何これめっちゃおいしい
というわけでママは毎日御影守にお参りしました
金運
金運
毎日朝晩2回必ずお参りしました
金運
金運
そんな毎日が続いたある日
ゴシッ
あれ？
私の念が跳ね返された
今日はつながってない
なんで？
あ〜このお守り買ったのぴったり半年前だ
半年経ったから効果が切れたのかー
昨日まですごいパワーがあったのにいきなりだなー
ダイアリー

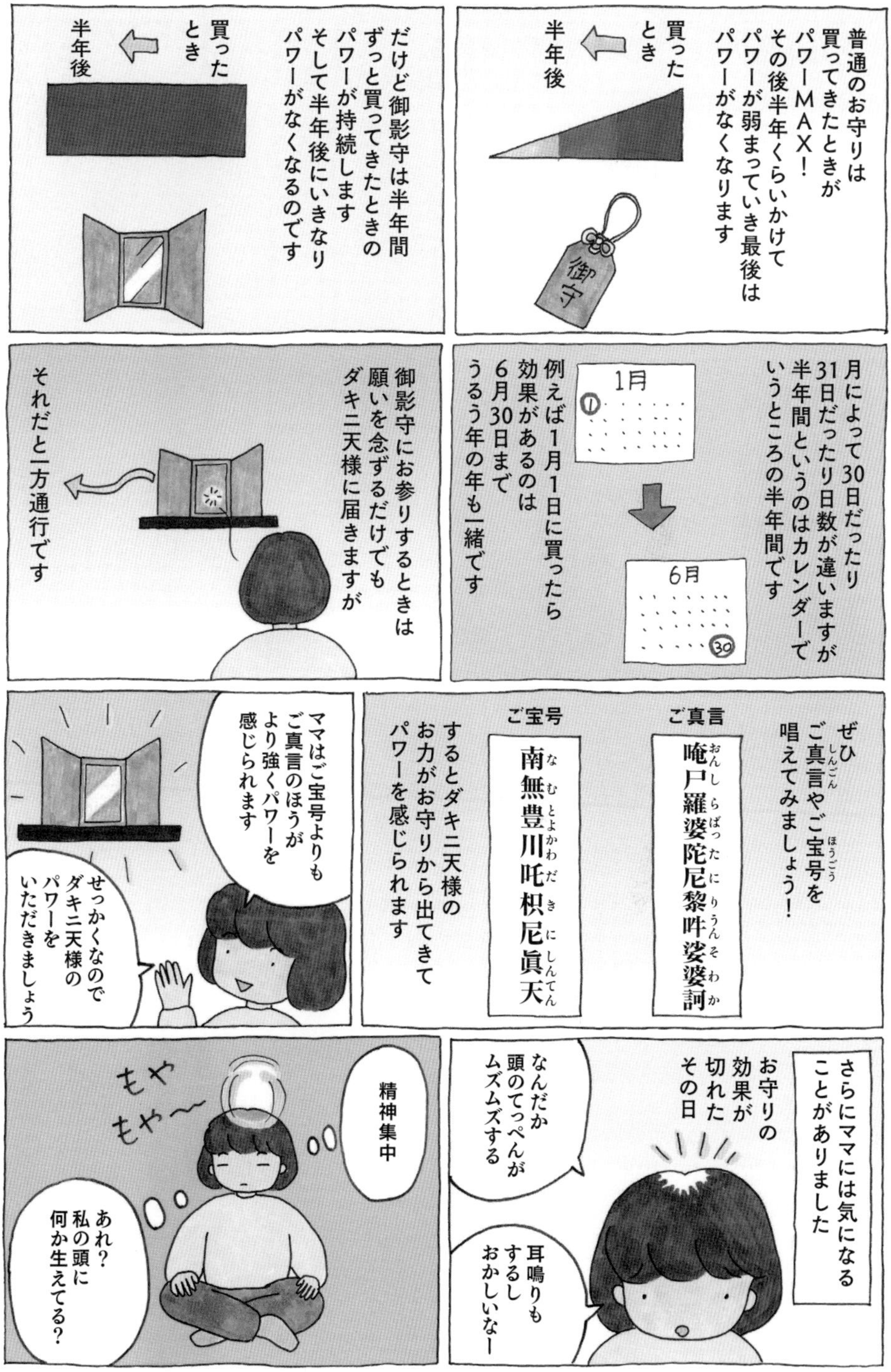
普通のお守りは
買ってきたときが
パワーMAX！
その後半年くらいかけて
パワーが弱まっていき最後は
パワーがなくなります
買ったとき
半年後
御守
だけど御影守は半年間
ずっと買ってきたときの
パワーが持続します
そして半年後にいきなり
パワーがなくなるのです
買ったとき
半年後
月によって30日だったり
31日だったり日数が違いますが
半年間というのはカレンダーで
いうところの半年間です
1月
6月
例えば1月1日に買ったら
効果があるのは
6月30日まで
うるう年の年も一緒です
御影守にお参りするときは
願いを念ずるだけでも
ダキニ天様に届きますが
それだと一方通行です
ぜひ
ご真言《しんごん》やご宝号《ほうごう》を
唱えてみましょう！
ご真言
唵《おん》尸《し》羅《ら》婆《ばっ》陀《た》尼《に》黎《り》吽《うん》娑《そ》婆《わ》訶《か》
ご宝号
南《な》無《む》豊《とよ》川《かわ》吒《だ》枳《き》尼《に》眞《しん》天《てん》
するとダキニ天様の
お力がお守りから出てきて
パワーを感じられます
ママはご宝号よりも
ご真言のほうが
より強くパワーを
感じられます
せっかくなので
ダキニ天様の
パワーを
いただきましょう
さらにママには気になる
ことがありました
お守りの
効果が
切れた
その日
なんだか
頭のてっぺんが
ムズムズする
耳鳴りも
するし
おかしいなー
精神集中
もや
もや〜
あれ？
私の頭に
何か生えてる？

もしやこれは ダキニ天様の モミ!?
だけど微妙な霊感のママは いまいち自信がありません
ダキニ天様 教えて ください
シャカ
シャカ
なので半年ぶりに 豊川稲荷東京別院に行って 確認してみました
おおっ やっぱりそう だったんだ!!
〇〇番 吉
授かれり
そうわかった途端 頭のモミから発芽した稲を クリアに感じることが できるようになりました
にょーん
半年間毎日欠かさず お参りしたから ダキニ天様が ご褒美をくれたのね
それから2カ月が経った 現在はこんな感じ
稲が束に なりました
まだ金運には 恵まれてはいません
きっとダキニ天様が 担いでいる稲穂のように
金色の実をつけたときに ご利益があるのだと思います
だけどこの稲は たまにママがブラック化 するとしおれてきます
も〜 ウッ旦那 ムカつく〜
自分で 育てていく 努力が必要です
清く
正しく
美しく
これから どうなるか 乞うご期待!!

※　豊川稲荷の御影守を含む各授与品は、現金書留でのお申し込みとなっています。(別途、送料200円同封)
お問い合わせ先：0533-85-2030(代)午前9時より午後5時まで　〒442-8538　愛知県豊川市豊川町1番地　豊川閣　授与品郵送受付

豊川稲荷東京別院 参拝日記
4回目のお参りで御影守を購入したときのことです やっとダキニ天様が出てきてくださいました
やった
キラッ
キラッ
ダキニ天様 お願いします 私に金運を授けてください
あと! 私も娘みたいに ダキニ天様のお声が 聞きたいです! お姿も見えるように なりたいです!
聞き入れてくれたかなー?
おみくじ引いて行こ
シャカ
シャカ
ドキドキ
ワクワク
小吉
大きすぎる望みを持つべからず
めっちゃ塩対応
ちぇっ
そうですよね ダキニ天様 ごめんなさい
私 高望みせずに 自分にできる 小さいことから コツコツ 頑張ります
さて 反省した ので
もう一回 おみくじ 引かせて ください
シャカ
シャカ
吉
小さい望みをもって しんぼうすればついには 大望をとげるべし
運気UP してる!!
んもー ダキニ天様 ったらけっこう ツンデレ じゃ～ん
大好き
ちょっと厳しめだけど しっかり見守ってくださる 神様です

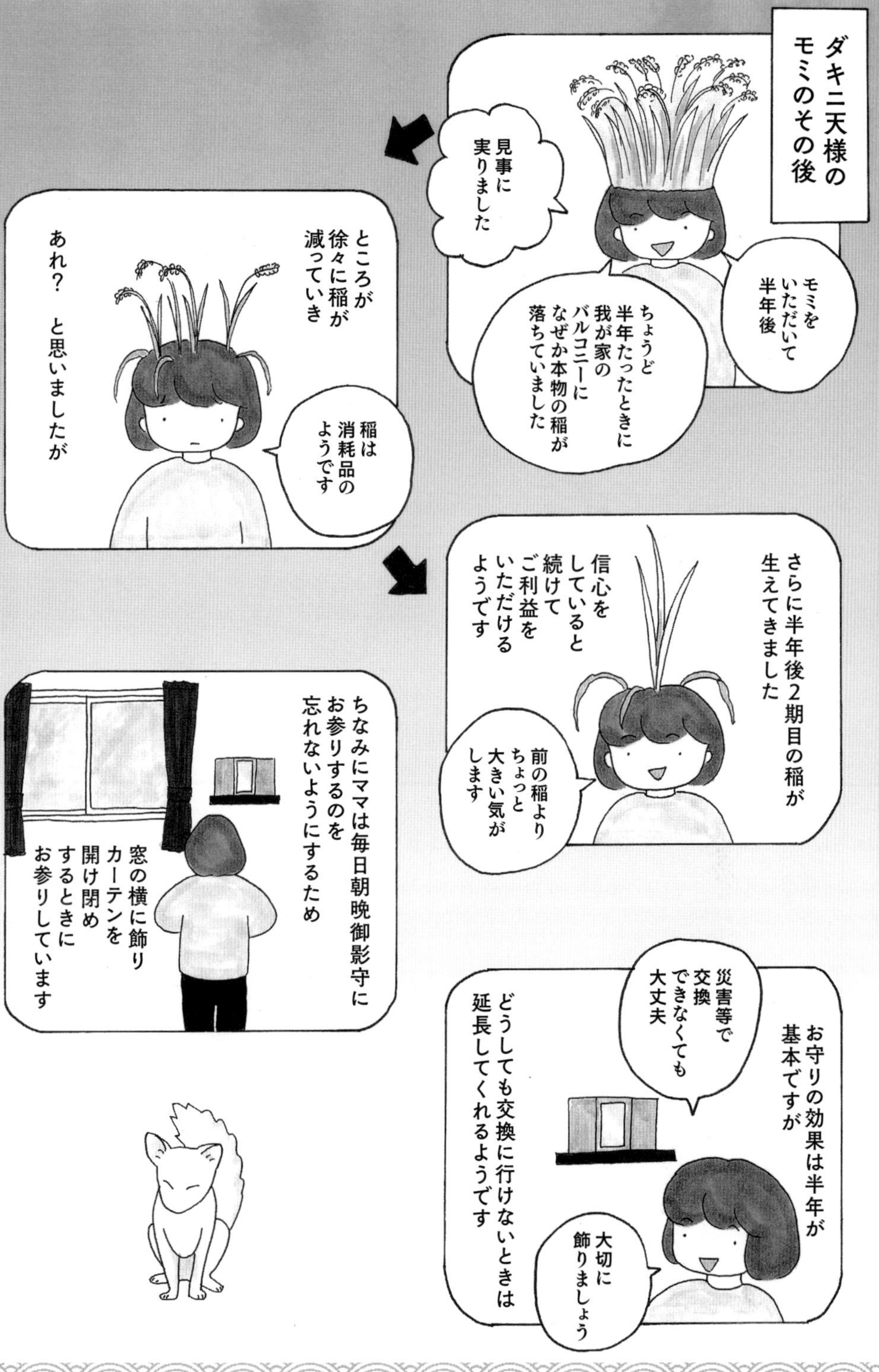
ダキニ天様のモミのその後
モミをいただいて半年後
ちょうど半年たったときに我が家のバルコニーになぜか本物の稲が落ちていました
見事に実りました
ところが徐々に稲が減っていき
稲は消耗品のようです
あれ？　と思いましたが
さらに半年後2期目の稲が生えてきました
信心をしていると続けてご利益をいただけるようです
前の稲よりちょっと大きい気がします
ちなみにママは毎日朝晩御影守にお参りするのを忘れないようにするため
窓の横に飾りカーテンを開け閉めするときにお参りしています
お守りの効果は半年が基本ですが
災害等で交換できなくても大丈夫
どうしても交換に行けないときは延長してくれるようです
大切に飾りましょう

ダキニ天様のご利益で我が家の金運が実際にどうだったかというと
ママの収入は激減
パパのボーナスは半減
コロナ
10000
10000
2020年はコロナ禍で大打撃を受けたのですが
買い物をしようとすると運よくセール品を買えたり
うわっ買い忘れてたサプリメント安くなってる！
割引券が手に入ったり
やった丁度行きたかったお店
OFF
パパは急な仕事で休日出勤をして手当をもらえたり
行ってきます
コロナの給付金も忘れずしっかり手続きできて
あっぶなー手続き今日までだった
あ これも申請できる
大きな収入がドーンというのはありませんでしたが小さなラッキーが積み重なり
にんまり
気づけば例年通りの貯蓄をキープできていました
よしよし
通帳
コロナ禍においてこれはものすごいご利益だったと思います
ダキニ天様はちょっと厳しい神様だけど真面目にコツコツ頑張る人をけっして見捨てません

ダキニ天様のご利益ではこんなこともありました
年末が差し迫った冬休みのこと
来年は素晴らしい年にしたいなぁ…
うとうと
もや〜
なんか今富士山と太陽が見えた！来年は富士山のパワーがきている気がする!!
年末に富士山見に行こう!!
と思ったけど今から予約なんてどこの宿も満室かー
はぁ
ダキニ天様お願いします富士山のパワーをいただきに行きたいです
御影守
12月30日に1泊○○ホテルの一番富士山がよく見える西側の角部屋に宿泊したいです
めっちゃピンポイント
数日後
プルル
はい
○○ホテルですご希望の日時ご希望のお部屋にキャンセル空きが出ました
やったー

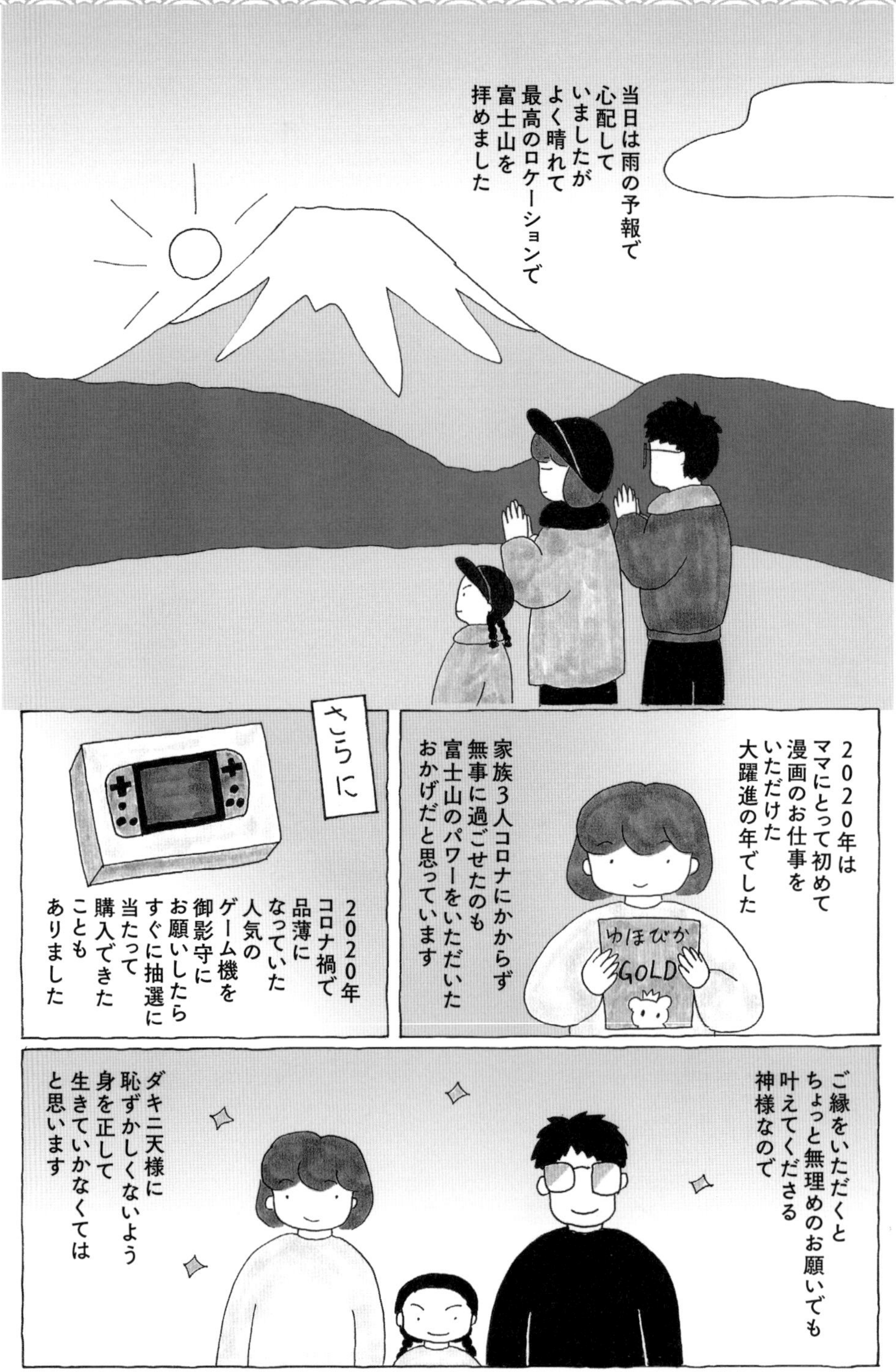
当日は雨の予報で
心配して
いましたが
よく晴れて
最高のロケーションで
富士山を
拝めました
2020年は
ママにとって初めて
漫画のお仕事を
いただけた
大躍進の年でした
家族3人コロナにかからず
無事に過ごせたのも
富士山のパワーをいただいた
おかげだと思っています
ゆほびか
GOLD
さらに
2020年
コロナ禍で
品薄に
なっていた
人気の
ゲーム機を
御影守に
お願いしたら
すぐに抽選に
当たって
購入できた
ことも
ありました
ご縁をいただくと
ちょっと無理めのお願いでも
叶えてくださる
神様なので
ダキニ天様に
恥ずかしくないよう
身を正して
生きていかなくては
と思います

運気を落とす

やっちゃダメ習慣

ダメスピ！

意外に知らない運気を落とす
その原因は……!?
徹底的に不運を避けるための
スピリチュアル的に「やっちゃダメ！」な
うっかりダメ習慣を大公開！

皆さん！
ひぃっ
かかりつけ神社が決まったからもう安心！
…とお思いですか？
なんだか理由もないのにだるいなーとか
ツイてないなー運がないなーということありませんか？
はあー何で私だけ…
もしかしたらそれは幽霊の影響かもしれません
幽霊は生きている人から生命力を奪うので
だるーい
幽霊につかれていると異様に体がだる重かったり病気になりやすくなったりします
また幽霊は生きている人を利用して己の欲求を満たそうとするので
食欲
タバコ
お酒
性欲
幽霊につかれると欲求を制御できなくなります
よくないとわかっているのにやめられないことありませんか？
ポテト
クッキー
あなたのふとした習慣が幽霊を呼び寄せているかもしれませんよ
というわけで今回は今すぐやめるべきダメ習慣と
ダメスピ！&開運術
開運間違いなしの幽霊対策をお知らせします

今すぐやめて

幽霊を呼び寄せるうっかり習慣

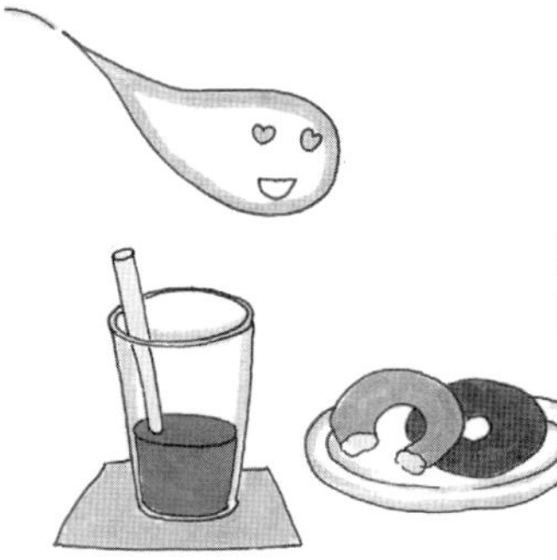

その1 食べかけ&飲みかけのものを放置しちゃダメ!
飲みかけや食べかけの飲食物をそのまま放置してしまうことありませんか?
そこらへんをうろうろしている幽霊はいつでも喉がかわいてお腹が空いています
おーい この家あるよー
飲み物・食べ物の放置は幽霊を呼び込みます
幽霊ホイホイ
特に夜中は絶対に放置しないように気をつけましょう
喉かわいたー お腹すいたー
飲食物を置いておくときはラップや蓋をしましょう
幽霊は現実世界のものに対して複雑な操作ができないのでこれでOK
仏壇や神棚のお供えは放置しても大丈夫ですが
長時間置く必要がないので早めに片付けたほうが神仏に喜ばれます

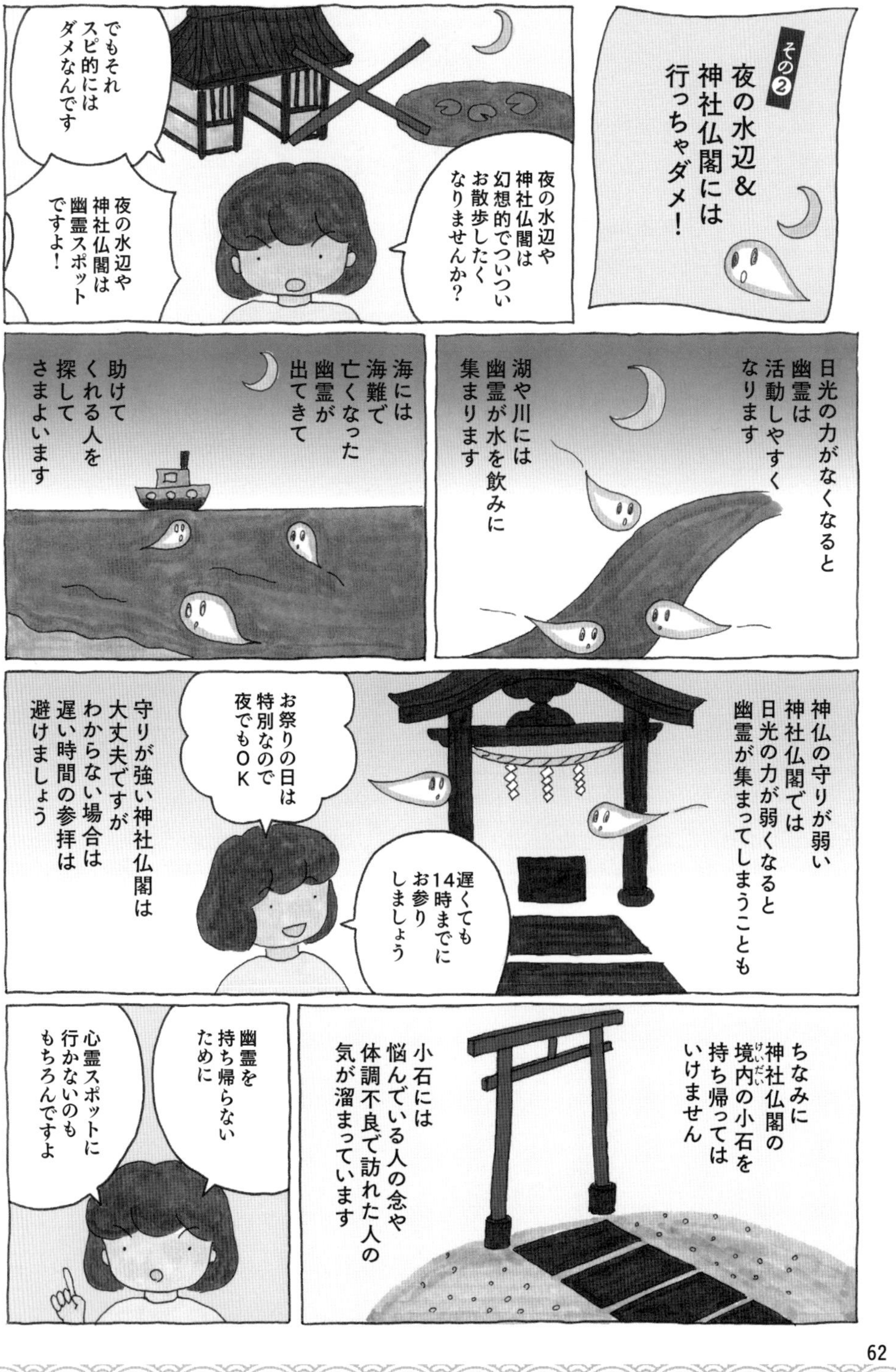

その2
夜の水辺&神社仏閣には行っちゃダメ!
夜の水辺や神社仏閣は幻想的でついついお散歩したくなりませんか?
でもそれスピ的にはダメなんです
夜の水辺や神社仏閣は幽霊スポットですよ!
日光の力がなくなると幽霊は活動しやすくなります
湖や川には幽霊が水を飲みに集まります
海には海難で亡くなった幽霊が出てきて
助けてくれる人を探してさまよいます
神仏の守りが弱い神社仏閣では日光の力が弱くなると幽霊が集まってしまうことも
遅くても14時までにお参りしましょう
お祭りの日は特別なので夜でもOK
守りが強い神社仏閣は大丈夫ですがわからない場合は遅い時間の参拝は避けましょう
ちなみに神社仏閣の境内《けいだい》の小石を持ち帰ってはいけません
小石には悩んでいる人の念や体調不良で訪れた人の気が溜まっています
幽霊を持ち帰らないために
心霊スポットに行かないのももちろんですよ

その③
スピ本を図書館で借りちゃダメ！
幽霊は念のこもったものに取りつきやすいです
念 つまり思い出のあるものや気持ちのこもったものです
スピ本を図書館で借りたり古本を買ったりすることありませんか？
どうしたらいいの？
何かアドバイスは？
読んだ本には念が溜まります
苦しい辛い助けてほしいという念に呼ばれ本に幽霊が取りついていることがあります
この本読む人なら助けてくれるかもー
スピ本のほか戦争や虐殺《ぎゃくさつ》自殺や他殺などの事件の本宗教本も危険です
ひぃぃ
ママは戦争の本を図書館で借りたとき大量の幽霊に悩まされたことがあります
明るく楽しい内容の本は問題ありません
おもしろスピリチュアル
ねこねこ歴史
どうしても古い本を読むときは
神様 この本に悪い存在や念がついていたら祓ってください
バラバラ
神社に持って行って祓っていただきましょう

その4 髪の毛は取り扱い注意！
実は髪の毛にも念が溜まっています
今日はどんな髪型にしようかなーとか美しく仕上げたいなーと思いをはせますよね そういう念です
髪の毛の念に幽霊が引き寄せられるので
辛く苦しい思いをしている人やロングヘアーの人は特に注意が必要です
落ち込んだときにばっさりショートにすると気分がスッキリするのはこのためです
念が消えてサッパリ♪
夜寝るときにバサーッと髪を広げて眠っていませんか？
これは幽霊が寄ってくるので絶対にやっちゃダメです
髪が長い人はナイトキャップを被るか髪をしばってなるべく隠すようにして寝ましょう
幽霊の気配を感じやすい人はショートヘアがベストですよ

その5
パワーストーンに気をつけて！
念が溜まるものはほかにもあります！
例えばパワーストーン持ってませんか？
石は地球のパワーを宿しているありがたいものですが念を溜めやすいものでもあります
なんだか手が重い～
パワーストーンを持っているけれど体調不良や不運に悩まされている人は注意です
浄化法については諸説ありますが
ママの経験では上手く浄化できたことがありません
念の溜まったパワーストーンは紐や金具を取って海に返すことをお勧めします
また自分の状態がよくないとよくない石を引き寄せてしまいがちです
これすてき
最近ツイてないなーという人はパワーストーンを持たないほうがよいでしょう
ところで岩塩はどうかというと砂状になったものは塩の浄化作用がありますが
浄化に使う塩はこまめに交換しましょう
岩状のものは石としての性質が強く念が溜まりますのでお勧めしません

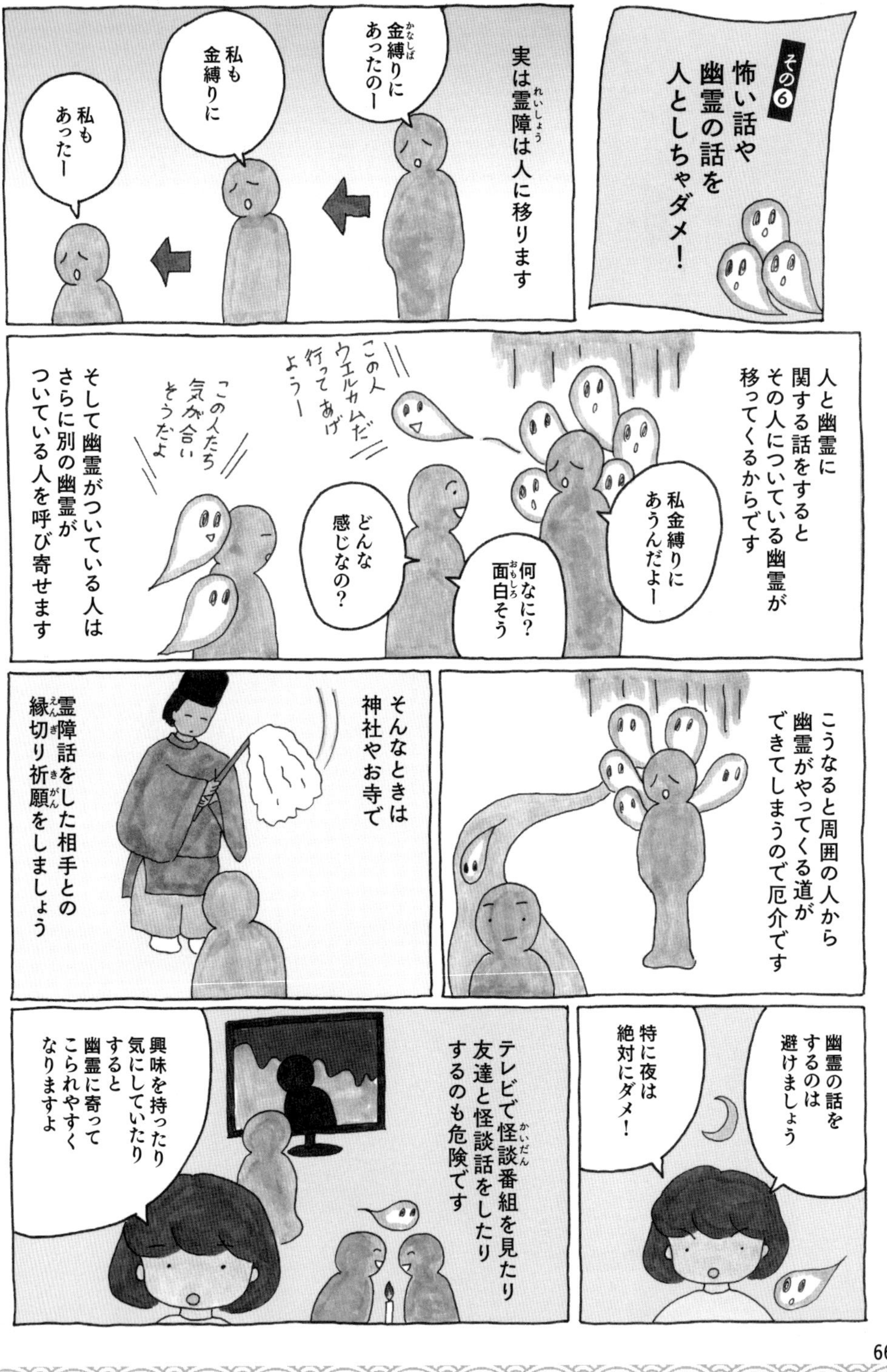
その6
怖い話や幽霊の話を人としちゃダメ!
実は霊障《れいしょう》は人に移ります
金縛《かなしば》りにあったのー
私も金縛りに
私もあったー
人と幽霊に関する話をするとその人についている幽霊が移ってくるからです
私金縛りにあうんだよー
何なに?面白《おもしろ》そう
どんな感じなの?
この人ウエルカムだ行ってあげようー
この人たち気が合いそうだよ
そして幽霊がついている人はさらに別の幽霊がついている人を呼び寄せます
こうなると周囲の人から幽霊がやってくる道ができてしまうので厄介です
そんなときは神社やお寺で
霊障話をした相手との縁《えん》切《ぎ》り祈《き》願《がん》をしましょう
幽霊の話をするのは避けましょう
特に夜は絶対にダメ!
テレビで怪談《かいだん》番組を見たり友達と怪談話をしたりするのも危険です
興味を持ったり気にしていたりすると幽霊に寄ってこられやすくなりますよ

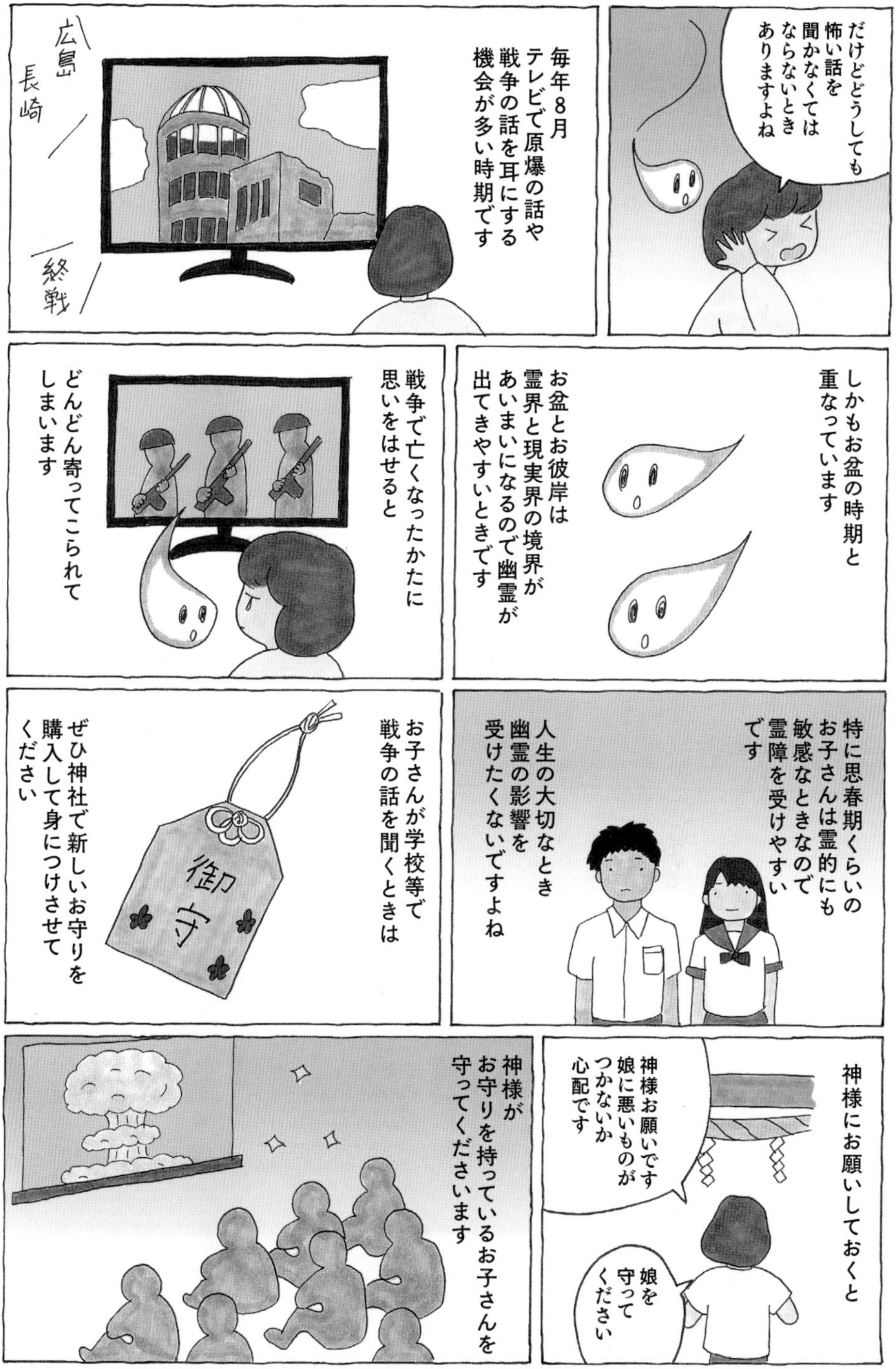
だけどどうしても怖い話を聞かなくてはならないときありますよね
毎年8月テレビで原爆の話や戦争の話を耳にする機会が多い時期です
広島
長崎
終戦
しかもお盆の時期と重なっています
お盆とお彼岸は霊界と現実界の境界があいまいになるので幽霊が出てきやすいときです
戦争で亡くなったかたに思いをはせると
どんどん寄ってこられてしまいます
特に思春期くらいのお子さんは霊的にも敏感なときなので霊障を受けやすいです
人生の大切なとき幽霊の影響を受けたくないですよね
お子さんが学校等で戦争の話を聞くときは
御守
ぜひ神社で新しいお守りを購入して身につけさせてください
神様にお願いしておくと
神様お願いです娘に悪いものがつかないか心配です
娘を守ってください
神様がお守りを持っているお子さんを守ってくださいます

その7
占いには要注意！
占い好きですか？
未来を知りたいときやアドバイスがほしいときにはタロット占いやダウジングをしたくなりますよね
でもこれかなり危険なんです！
魂が未熟な人がやると問いかけに反応して幽霊がやってきます
教えてください
はーい
教えてあげるー
霊的な感覚を使わない占いは問題ありません
OK!
気学占い
手相占い
星占い
幽霊に取りつかれると欲求のエサにされてしまうので
占いは信頼できるプロにお願いしましょう
お酒飲みたいー
我慢できないー
ただし占い師にも怪しい人がいるので注意が必要です
間違った人を頼るとエサにされます
この人について行こう
見極めが難しい人は悩み事は神社で神様に相談するのが一番です
神様私悩んでいるんです
……こんなことがありました
パンパン
おみくじを引きますのでアドバイスください
神前でお参りをしてからおみくじで教えていただきましょう

引くときには悩み事1つに対しておみくじ1つです
悩み事が2つある人は2つ引きます
聞きたいことをそれぞれ念じてから1つずつ引きます
おみくじ
おみくじの項目はあまり気にしなくてOK
○○番
願望
待人
失物
商売
学問
争事
恋愛
転居
縁談
病気
例えば恋愛で悩んでいる人は恋愛の欄がアドバイスとは限りません
まずは絵を眺めるような感じで全体をボーっと眺めて
パッと目に飛び込んできた文字や気になった言葉がアドバイスです
○○番
Good!
大利あり
2択問題で悩んでいる人はそれぞれの場合でおみくじを引くとわかりやすいですよ
たくさんのアドバイスが書かれていますがすべてがメッセージとは限りません
○○番
吉
叶わず
大利あり
みつからず
最初に気になったところ以外はあまり気にする必要ありません
大吉 凶などの吉凶も気にしなくてOK
大吉は順調だよ頑張ってという神様のお心
凶は今は苦しいが頑張ってというお心ととらえましょう
日頃から神社にお参りして幽霊を寄せつけないための体質づくりをするのも大切です
かかりつけの神社で心身を磨きましょう

その8
占い師の見分け方
悩み事は占い師を頼らずに自分と神仏との対話で解決していくのが一番です
だけどどうしてももっとわかりやすい具体的アドバイスがほしい
その気持ちわかります
そんなときはまずは神仏に相談して
自分がどう感じたかその感覚を信じて
答え合わせ的な目的で
信頼できる占い師さんを頼るのはよいと思います
気学や手相占いなど霊的な感覚を使わない占い師さんは問題ありません
気をつけなければいけないのはタロット占い師やスピリチュアルカウンセラー霊能者のかたがたです
神のメッセージをお伝えします
ご本人は神の力を借りているつもりでも悪霊に騙されているかたもいるからです
そういう人は悪霊の欲求のエサにされているので見た目でわかります
タバコやお酒がやめられないので顔色が悪い食欲が止まらないので過度に太っている

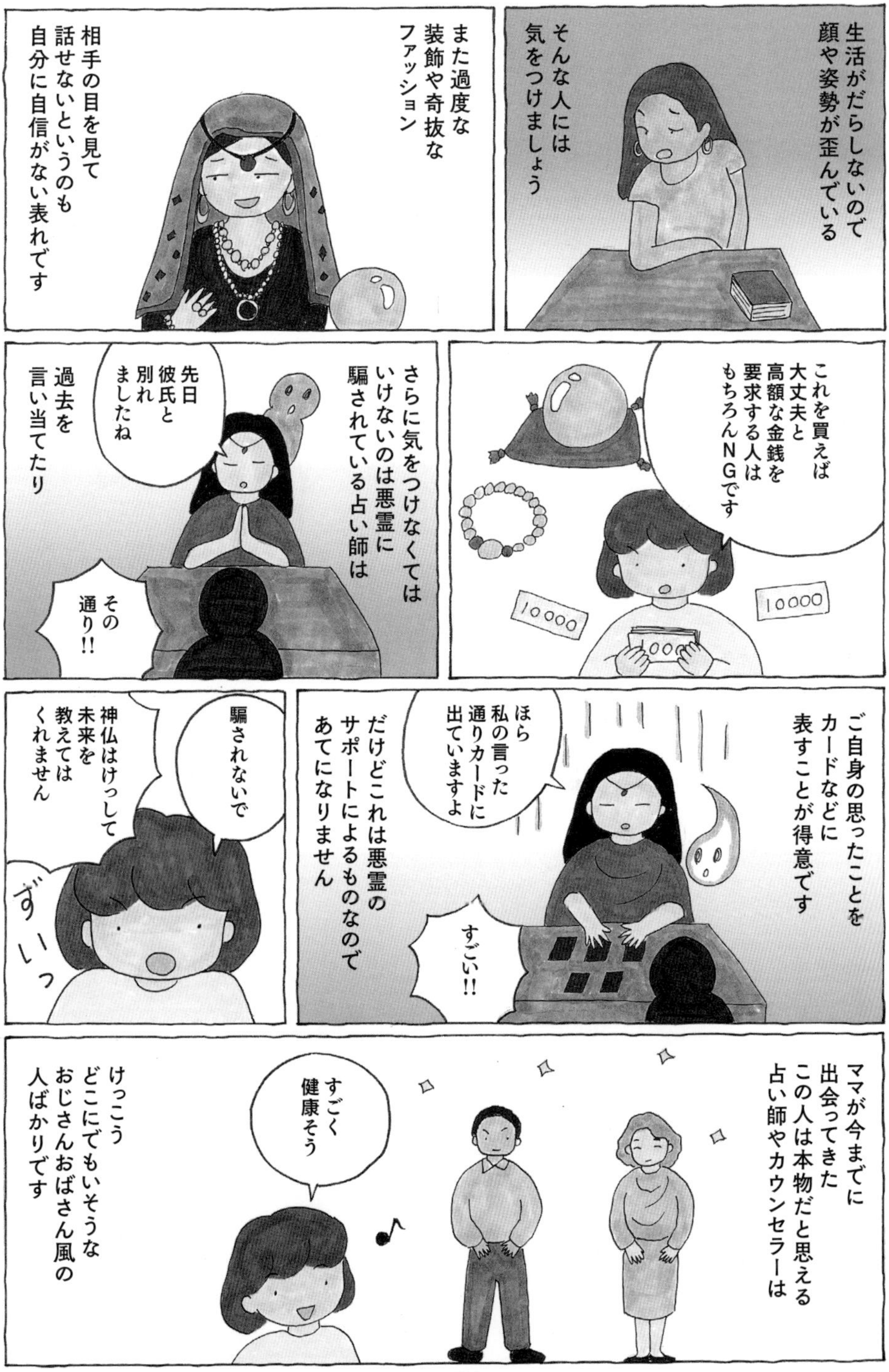
生活がだらしないので
顔や姿勢が歪んでいる
そんな人には
気をつけましょう
また過度な
装飾や奇抜な
ファッション
相手の目を見て
話せないというのも
自分に自信がない表れです
これを買えば
大丈夫と
高額な金銭を
要求する人は
もちろんNGです
10000
10000
さらに気をつけなくては
いけないのは悪霊に
騙されている占い師は
先日
彼氏と
別れ
ましたね
過去を
言い当てたり
その
通り!!
ご自身の思ったことを
カードなどに
表すことが得意です
ほら
私の言った
通りカードに
出ていますよ
すごい!!
だけどこれは悪霊の
サポートによるものなので
あてになりません
騙されないで
神仏はけっして
未来を
教えては
くれません
ずいっ
ママが今までに
出会ってきた
この人は本物だと思える
占い師やカウンセラーは
すごく
健康そう
けっこう
どこにでもいそうな
おじさんおばさん風の
人ばかりです

覚えて安心!

幽霊を連れ帰らない方法

その1
慰霊碑には置き土産
さあ皆さん！幽霊がいそうなところには行かないのが一番だとおわかりいただけたと思います
平和
やすらかに
だけどどうしても行かねばならないときもありますよね
例えば観光ツアーで戦没者《せんぼっしゃ》慰霊碑《いれいひ》などを訪れたり…
慰霊碑を訪れたときは飴《あめ》などの甘いお菓子を置いていきましょう
慰霊碑
包みから出して中身だけ置きます
幽霊はお菓子を食べるためにそこに留まるのでついてこられません
お経を唱えて供養《くよう》してあげるのは危険です
なむなむ
慰霊碑
ぞろぞろついてこられてしまうので
おーいこの人助けてくれるよー
供養は専門家に任せましょう

神社の境内にある慰霊碑は神様に守られているので心配ありません
慰霊碑のほか街でよく見かける記念碑も注意が必要です
○○発祥の地
お墓のない幽霊がそこを自分の居場所にするからです
○○事業記念
○○市の歴史
一見幽霊とは関係なさそうな記念碑にもけっこうついていることがあります
じっくり注視したり触ったりするのは危険なのでなるべくスルーしましょう
石でできたお墓っぽい形のものが危険です
石でないものやアート的なものは大丈夫
実はママの実家は記念碑に隣接していたため家が幽霊の溜まり場になってしまい
大変な思いをしました
慰霊碑や記念碑の近くにお住まいのかたは家に悪い気を溜めないよう心がけましょう

その②
法事帰りは神社 or ご真言
親族や大切な人のお葬式や法事に行ったり自分が喪主《もしゅ》になったりすることありますよね
お墓には未成仏霊《みじょうぶつれい》が住みついていることがありますし
お寺や葬儀場《そうぎじょう》火葬場《かそうば》にも迷っている幽霊が寄ってきます
〇〇家
法事やお葬式の後は14時前であれば帰りに神社に行って
神様に祓っていただきましょう
帰りに行けないときは事前にお参りに行って新しいお守りを購入し
明日お葬式に行くので守ってください
身につけて神様に守っていただきましょう
そこまでできないときは帰宅して玄関を開ける前に仏様のご真言《しんごん》を唱えます
のーまく さんまんだー
ママは不動明王《ふどうみょうおう》のお世話になっています
9回唱えるのがコツ
のーまく　さんまんだー　ばーざらだん　せんだー　まーかろしゃーだー　そわたや　うんたらたーかんまん
仏様にご真言で助けていただくには
私の名前は〇〇です〇〇に住んでいます
幽霊に困ってます何卒お力を
ご縁をいただきたい仏様に日頃からお参りして自分を知っておいていただくことが大切です
幽霊対策には不動明王のほかお地蔵《じぞう》様・観音《かんのん》様もお力を貸してくださいますよ

その③ 入院中は お札 or お守り
次は入院するときの身の守り方編です♪
病院では亡くなった患者さんの霊がさまよっていることがあります
けっこうたくさんいるよ
死亡者の出ない皮膚科や耳鼻科では気にしなくてOK
長期間入院するときは神社で新しいお札をいただき病室に置きましょう
お札は場所を守るものです
病室を移動したら新しいお札に交換しましょう
お札を持って行けないときや数日間の入院では
お守りを身につけるのもよいです
お守りは身を守るものです
側に置くのではなく身につけたほうが効果があります
お守りには紐をつけたり服に縫いつけたりしてもOK
間違って洗濯してもパワーは変わりません
なるべく上半身につけましょう
普段の生活でもお守りはカバンなどに入れたりつけたりするよりも
首から下げたり胸ポケットに入れたりと「体につける」ほうがお勧めです

これで安心!

開運待ったなしの幽霊撃退法

その1
幽霊撃退入浴法
自分も幽霊を呼び寄せていたかもと心当たりありませんか?
幽霊がついているかも?と感じたときは入浴で身を清めましょう
まず塩風呂に入って温まります
塩1カップくらい
20分以上浸かりましょう
そして石鹸《せっけん》の泡に塩を一握りくらい混ぜて体を塩洗いします
神社の清め塩でやるとさらに効果的
髪の毛も塩洗いします
髪には念が溜まるので入念に!
さらに熱めのシャワーで背中を流します
あっつ
なるべく長時間流すと効果的
これでスッキリ!
体調不良が続く人は毎日やりましょう

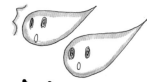

その②
神様の力を最大限に生かす！参拝除霊法
さらに！　幽霊がついているかも？家にいるかも？と感じたときは
神様のお力で完全に撃退していただきましょう
まずは神社にお参りに行きます
神様お願いです悪いものがついていたら祓ってください
家に悪いものがいたら追い出してください〇時頃に家に帰ります
帰宅したタイミングで神様が家に来てくれるので
幽霊が隠れていそうな押し入れなどすべての扉を開けて
戸棚など人が入らないサイズの扉はそのままでOK
窓を開けましょう
数分でOK
幽霊は窓から逃げていきます
神様が来てくれても幽霊は念のこもったものの中に隠れることがあります
絵画
人形
隠れるとなかなか出て行かないので敏感な人は飾り物を避けたほうがよいでしょう
これはサイズに関わらずです
思い入れのあるものほど入られやすいので
思い入れのない生活用品は問題ありません

コラム

幽霊退散こそが開運への近道！

幽霊を寄せつけないコツ、おわかりいただけましたか？　幽霊は日当たりや風通しが悪く、気がこもっているところが大好きです。家中の換気を毎日しっかりしましょう。

もし旅先のホテルで「この部屋嫌な感じがする。何かいそう」と思ったときは、エアコンや空気清浄機を強風モードにするといいですよ。幽霊は風を嫌うので、かなり防げます。

ただしこれは一時しのぎなので、後で神社にお参りしてしっかり神様に祓っていただいてくださいね。

また、幽霊は水場が大好きなので、洗面やトイレなどの水回りに気をつけましょう。盛塩をしたり、お札を置いたりするとよいですよ。

幽霊の気配は、電気に影響を及ぼすこともあります。照明器具が、なぜかチカチカ点滅したり、よく電化製品が壊れたりする家はお祓いをしましょう。

また、よくある霊障としてラップ音がありますが、これは必ずしも悪いものではありません。神仏が「見守っているよ」と気づかせるために鳴らすこともあるからです。

ラップ音は神仏の場合も、幽霊の場合も、音では区別がつきません。もし幽霊だとしても、怯えずに無視するのが一番です。

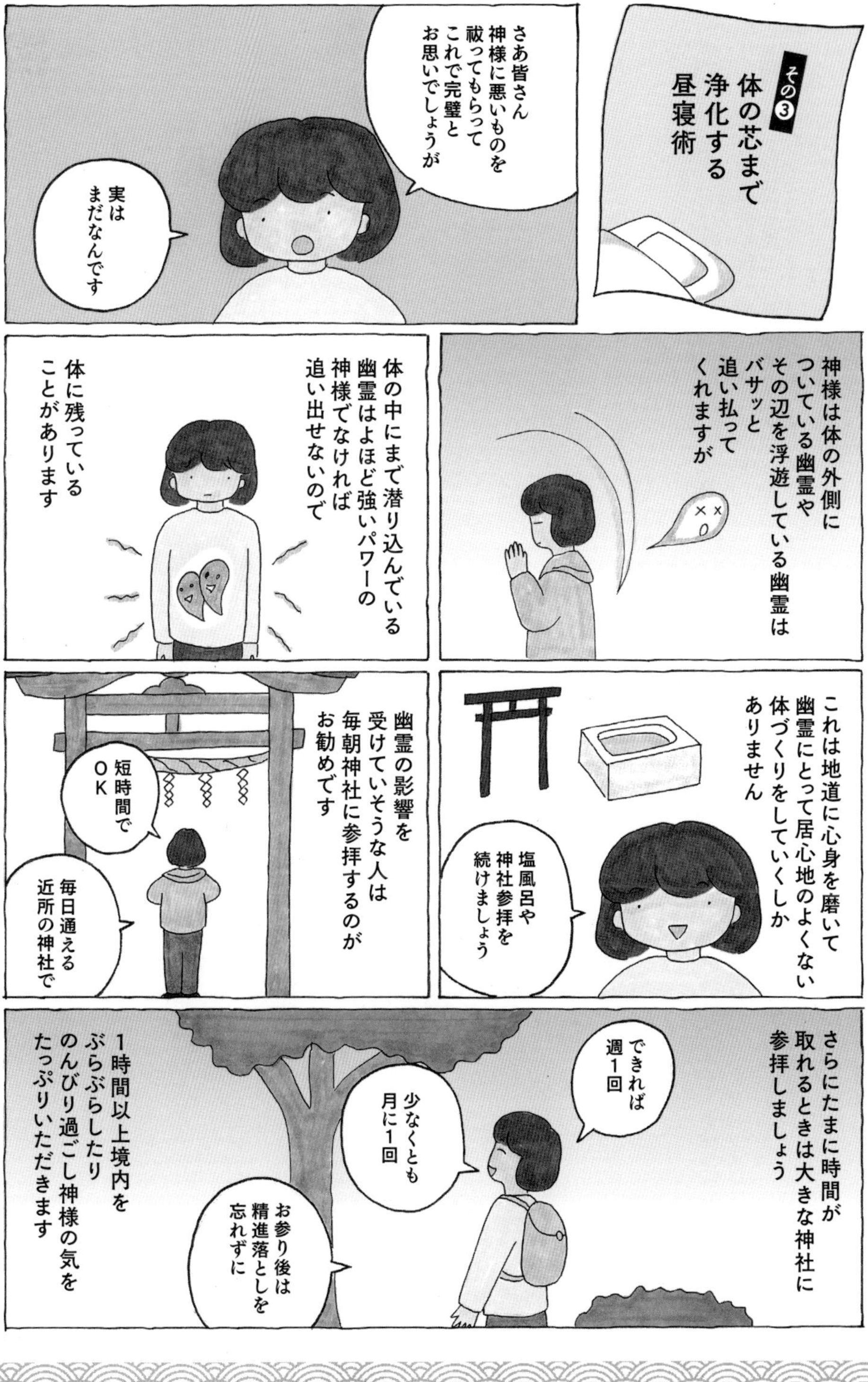
その③
体の芯まで浄化する昼寝術
さあ皆さん神様に悪いものを祓ってもらってこれで完璧とお思いでしょうが
実はまだなんです
神様は体の外側についている幽霊やその辺を浮遊している幽霊はバサッと追い払ってくれますが
体の中にまで潜り込んでいる幽霊はよほど強いパワーの神様でなければ追い出せないので
体に残っていることがあります
これは地道に心身を磨いて幽霊にとって居心地のよくない体づくりをしていくしかありません
塩風呂や神社参拝を続けましょう
幽霊の影響を受けていそうな人は毎朝神社に参拝するのがお勧めです
短時間でＯＫ
毎日通える近所の神社で
さらにたまに時間が取れるときは大きな神社に参拝しましょう
できれば週1回
少なくとも月に1回
お参り後は精進落としを忘れずに
1時間以上境内をぶらぶらしたりのんびり過ごし神様の気をたっぷりいただきます

そして
ここからが
大事です
時間をかけて
ゆっくりお参りを
した後は家で
お昼寝をします
たっぷり
お参りすると
神様の気で
眠たくなります
たまに
寝ているときに
体がビクッと
跳ねることが
ありませんか？
ビクッ
あれは実は
体の中に
入っていた幽霊が
出ていく瞬間です
お参りをした後は
体が浄化されているので
どんどん
出て
行きます
そのまま
部屋に
居座られたら
意味ないので
目が覚めたら
窓を開けて
換気を
しましょう
邪魔にならない
場所がある
神社ならば
そのまま神社で
お昼寝させて
いただくのも
お勧めです

霊障を防ぐ!

幽霊に邪魔されない家選び

今現在
お墓や水辺がない
土地であっても
かつてお墓や水辺があった
土地は
よしOK
霊界では
お墓や水辺が
存在していますので同様です
古地図を確認しましょう
といっても
なかなか
古地図なんて
手に入らない
ですよね
はあー
自分で家探しをすると
自分に悪霊が
ついている場合
悪霊にとって
居心地のよい場所を
心地よいと感じて
しまいます
なんて
素敵～
家探しは神社で
神様にお願いするのが
ベストです
神様
お願いします
自分でわかる範囲で
悪くなさそうな家を探し
大吉
さしさわりなし
気に入る物件があったら
おみくじで神様に
お伺いをたてましょう
神様が願い事を
叶えてくれるのに
必要な期間は
どんなお願いでも
約2カ月が目安です
!
これだ!
神様にお願いして
2カ月経つと
あなたにとって
ベストな物件が
見つかるはずです
2カ月も
猶予がないよー
という
引っ越しでも
神様に
お願いすると
最悪の物件は
避けられますよ

これで幽霊なんか

こわくない！

霊障から身を守るコツ

金縛りや高熱を出したときの幻覚・幻聴…
実はそれ、霊障《れいしょう》かもしれませんよ！
イヤ～な幽霊からの霊障を防ぐ方法
教えちゃいます！

皆さん霊障《れいしょう》に遭ったことありますか?
幻覚
幻聴
金縛り
幽体離脱
ママは子供の頃は霊感ゼロでしたが30歳のときに突然毎日金縛りに遭うようになりました
その頃は寝ようとすると金縛りに遭って毎晩一睡もできませんでした
金縛り
うぎゃ
寝ていないので当然頭がボーッとするわけで
あはは
あはは
変なものが聞こえたり見えないものが見えたりしました
バーカ
バーカ
日中どうしても眠たくなってウトウトするとそこでも金縛りに遭い
金縛り
死ねばー
とびこめ!
金縛り
命の危険を感じることもしばしばありました
以来10数年霊障に悩み続けてきました
誰にも相談できない
誰もわかってくれない
なんでこうなるの?
そんなママが気づいた霊障に遭う原因を皆さんにお伝えしたいと思います
ノンフィクション!
実録
霊障の真実
ジャジャーン!

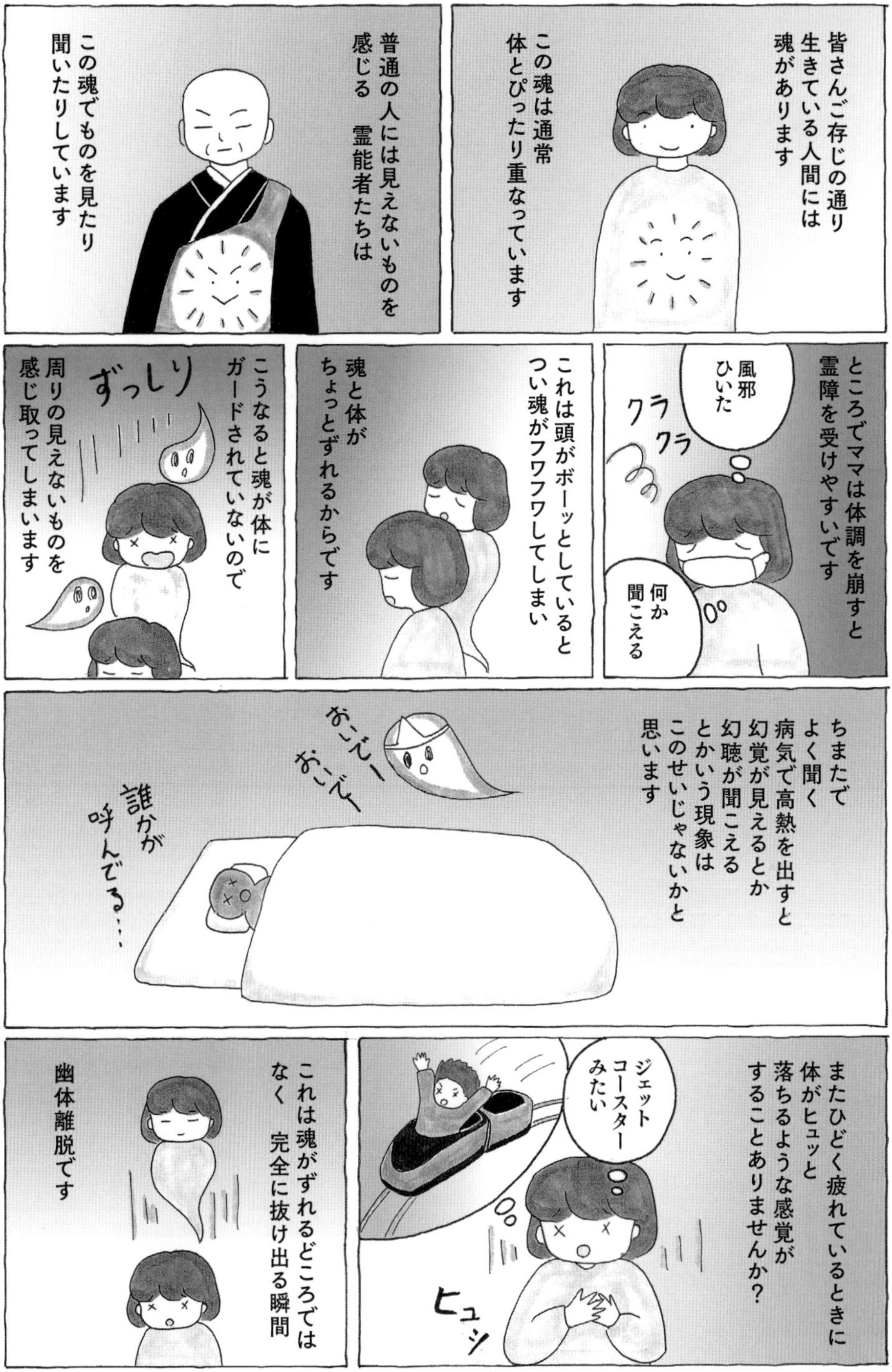

皆さんご存じの通り
生きている人間には
魂があります
この魂は通常
体とぴったり重なっています
普通の人には見えないものを
感じる　霊能者たちは
この魂でものを見たり
聞いたりしています
ところでママは体調を崩すと
霊障を受けやすいです
風邪 ひいた
クラクラ
何か 聞こえる
これは頭がボーッとしていると
つい魂がフワフワしてしまい
魂と体が
ちょっとずれるからです
こうなると魂が体に
ガードされていないので
周りの見えないものを
感じ取ってしまいます
ずっしり
ちまたで
よく聞く
病気で高熱を出すと
幻覚が見えるとか
幻聴が聞こえる
とかいう現象は
このせいじゃないかと
思います
おいでー
おいでー
誰かが呼んでる…
またひどく疲れているときに
体がヒュッと
落ちるような感覚が
することありませんか？
ジェットコースターみたい
ヒュッ
これは魂がずれるどころでは
なく　完全に抜け出る瞬間
幽体離脱です

夜寝ているときに布団の上にいるはずなのに
なぜかフッと体が落ちる感覚を味わったことありませんか？
フッ
これも同じ現象です
実は体が落ちているのではなく魂が浮いているのです
はっと我に返って目が覚めた人は危機を察知して回避できた人です
はっ
抜け出てしまって戻れないときは　今の自分を強く思うと戻れます
私は布団の上にいるはず!!
じゃまするなコラッ
だけど眠っているときに幽体離脱してしまうと慌てて体に戻っても体が目覚めるまでは動けません
目覚められない
ガチッ
これが金縛りです
体が動かない
金縛りは体と魂がちょっとずれているときにも起こります
体と魂の歯車が合わさっていないと魂は起きているのに体が眠っているという状態になるからです
金縛りに遭ったときに周りに悪霊がいると魂が気配を感じてしまい悪霊の姿が見えたり声が聞こえたりします
金縛り!
また会いに来たよ〜
ひぃ〜
悪霊は自分の存在に気づいてくれる人がいると　喜んでどんどんちょっかいを出してくるようになります

魂で見えないものを感じることは悪いことではありません
見えない世界に溢れているのは悪いものばかりではないからです
心身共に健康で精神状態のよいときに魂に意識を集中すると
瞑想中
わーい♪
妖精や天使など高級霊たちと触れ合うこともできます
だけど勝手に魂がずれたり抜け出てしまうときはひどい疲れで魂と体のバランスを崩しているときです
自分の状態がよくないのでよくないものを感知してしまうのです
悪霊の中には人間にいたずらをして狂わせてやれという愉快犯のような奴らがいます
みんなが悪口言ってるよー
ママはどでかいゴキブリを見たことがあります
奴らは大量の虫やネズミに化けたり脅迫的な言葉を聞かせてきたりして脅してきます
こうなると寝ようとすると悪霊に邪魔されて眠れない
眠れないから悪霊を感知してしまうというループから抜け出せなくなります
大事な人生悪霊に邪魔されたくないですよね
しっかり対策をしましょう!!

睡眠は大事な霊障対策!!
では霊障に遭わないためにどうしたらよいのかというと
一番大切なのは睡眠です!
しっかり眠って疲れを癒やし心身のバランスを取り戻しましょう
そのためにお医者さんに適切な処方をしていただきお薬を飲むのも正しい治療法です
処方薬
また体を鍛えるのも有効です
体は魂の器です
器が弱ると魂も弱りやすくなります
ちなみに魂がずれていると感じるときは両手で頭を押さえて押し戻すのも地味に効きます
やっべずれちゃってる
ぎゅっ
ぎゅっ
二日酔いや寝不足のときなどにやってみてください
あとは身の浄化と家の中の浄化を徹底しましょう
ご家族が体調を崩したときは気をつけてあげてください
神社通い
塩風呂
換気&日光
新しいお札を置く
○○○神社
般若心経のCDをかける
般若心経

もし自分が金縛りにあったときはとりあえず威嚇《いかく》します
出ていけコラッ
気が弱い幽霊ならすぐに出て行きます
それでもダメなときは仏様に助けていただきましょう
お世話になっている仏様のご真言《しんごん》をひたすら唱える
心の中で唱えればOK
もしご家族が金縛りでうなされているときは体を起こす必要があるので強めに叩きます
バシン!
う〜ん う〜ん
眠りが深いので優しくゆさゆさでは目覚めません
思いっきり派手に叩きます
これは憑依《ひょうい》されていて様子がおかしいときにも使えます
不意打ちを狙って叩きます
バシン!
ちなみにママは体調を崩して寝ていると
金縛り!
ねぇママーあのねー
ママは最近太ったんじゃないかなー
外出しているはずの娘やパパの霊が出てきて悩まされることがあります
これは悪意のない生霊《いきりょう》や残留思念なので
幽体離脱
スッ
ママ今寝てるから後でね
はーい
話せばいなくなってくれます
ほっとけコラッ

いろはママの霊障日記

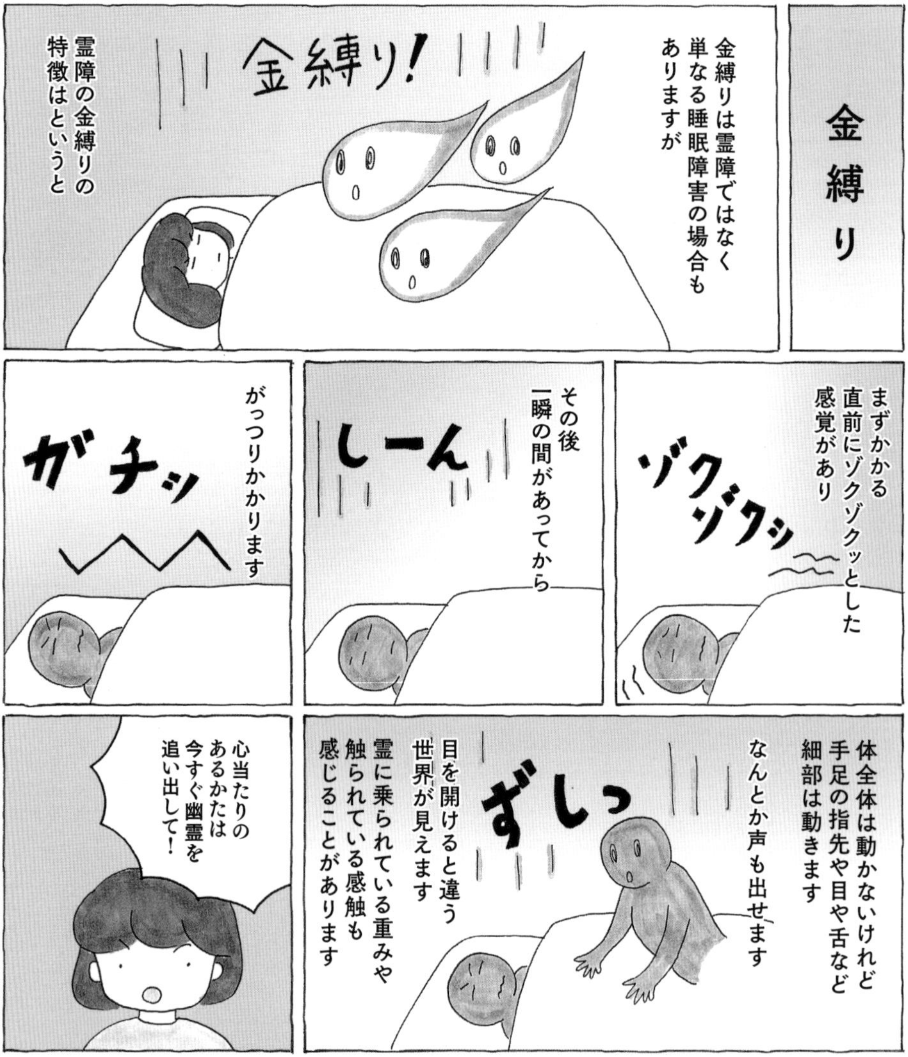

金縛り
金縛りは霊障ではなく
単なる睡眠障害の場合も
ありますが
金縛り!
霊障の金縛りの
特徴はというと
まずかかる
直前にゾクゾクッとした
感覚があり
ゾクゾクッ
その後
一瞬の間があってから
しーん
がっつりかかります
ガチッ
体全体は動かないけれど
手足の指先や目や舌など
細部は動きます
なんとか声も出せます
ずしっ
目を開けると違う
世界が見えます
霊に乗られている重みや
触られている感触も
感じることがあります
心当たりの
あるかたは
今すぐ幽霊を
追い出して!

無限ループ
ママはときどきうっかり幽体離脱をします
むくっ
トイレ
トイレ トイレ
あれ? 出ない
なんで?
ああっ
体がついてきてない!
ビュン!!
よし 今度こそ
むくっ
はうっ
また体がついてきてない!!
ときどき無限ループにはまります
翌朝
ぐったり
はあ〜
ちなみに幽体離脱で起き上がるときは通常体が異様に重たく感じますが
ぐぐぐっ
疲れているときは軽〜く起き上がれます
スッ

幽霊の謎
ママはときどきうっかり 幽体離脱をします
幽体離脱
ムクッ
そうだ 友達に メール しなきゃ
何か気に なっている ことが あるときにやらかしがちです
本人は普通に起きている つもりで幽体離脱している ことに気づきません
スマホ スマホ
幽体だと物を持つことは できますが 操作はできません
幽体 スマホ
3次元 スマホ
あれ? スマホ 動かない なんで?
3次元の物は 実際には動いていません
よく考えてみれば 自分が幽体離脱している ことに気づきそうな ものですが
なんで 動かない の?
メール しなきゃ
なんで 動かないの?
メール しなきゃ
なぜか幽体になると 思考が停止した状態になり 体が目を覚ますまで 同じことしか 考えられなくなります
だから何か気になっている ことがあるときに 不意に亡くなってしまうと
急いで 会社 行かなきゃ
自分が亡くなったことに 気づけず成仏できない 幽霊がいるのだと思います
ちなみに幽体で触った スマホはその後しばらく 電波障害で動かなくなる ことがあります
2:22

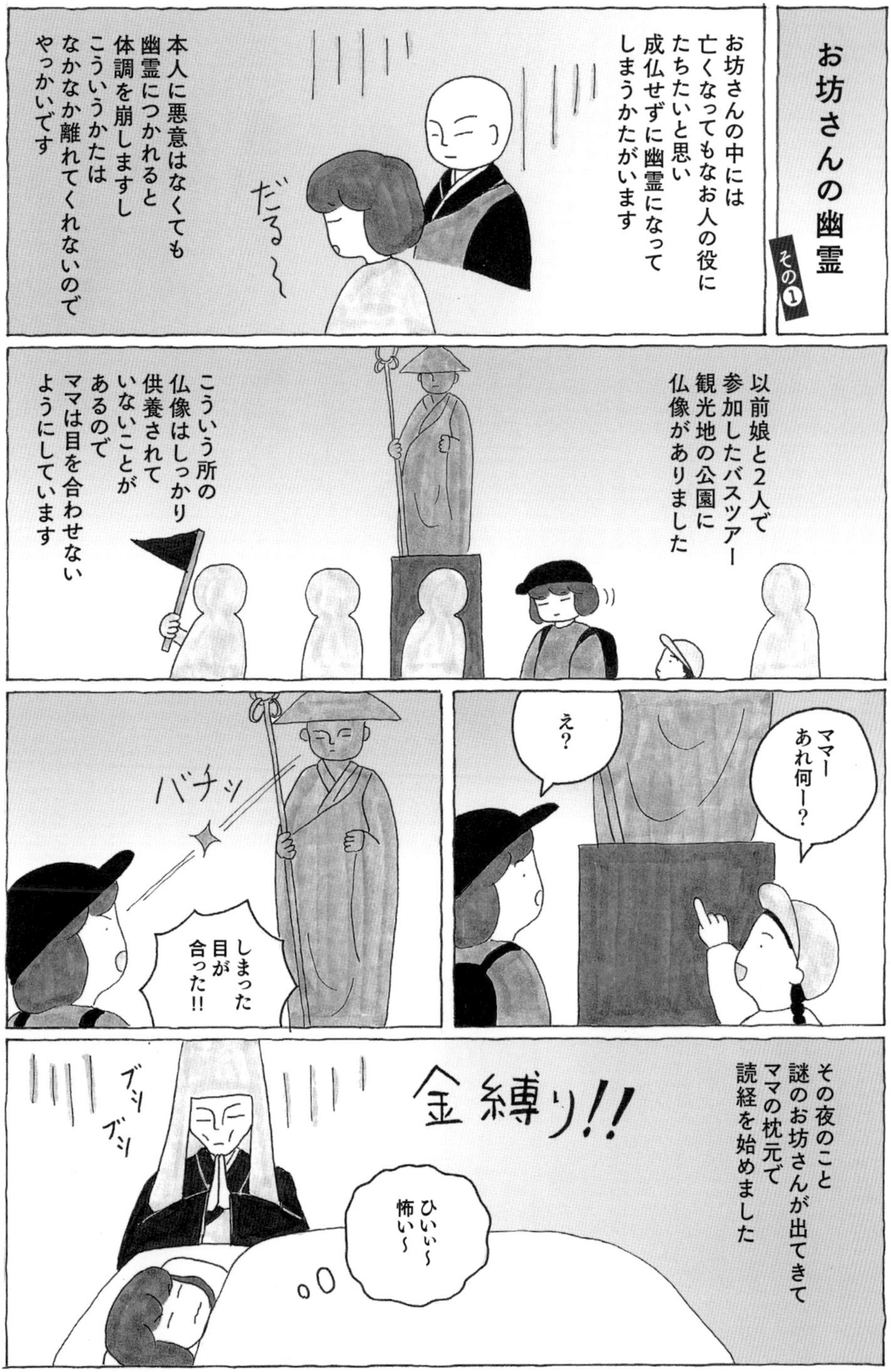
お坊さんの幽霊
その1
お坊さんの中には
亡くなってもなお人の役に
たちたいと思い
成仏せずに幽霊になって
しまうかたがいます
だる〜
本人に悪意はなくても
幽霊につかれると
体調を崩しますし
こういうかたは
なかなか離れてくれないので
やっかいです
以前娘と2人で
参加したバスツアー
観光地の公園に
仏像がありました
こういう所の
仏像はしっかり
供養されて
いないことが
あるので
ママは目を合わせない
ようにしています
ママー
あれ何ー？
え？
バチッ
しまった
目が
合った!!
その夜のこと
謎のお坊さんが出てきて
ママの枕元で
読経を始めました
金縛り!!
ブツ
ブツ
ひぃぃ〜
怖い〜

その後ぞろぞろお坊さんがやってきて
上人《しょうにん》様お迎えにあがりました
なんだ？なんだ？
責任転嫁して帰って行きました
よいか上人様が悪いのではないお前がめったな所に行ったから悪いのだ
観光地ですが!?
んな理不尽な!! みんな成仏してよ～
お坊さんの幽霊 その2
ママが毎日金縛りで悩まされていたとき
リーン!
ぴょう! とうー! しゃー!
心配した親族が家にご祈祷をしに来てくれました
その後しばらくママの枕元で九字を切るお坊さんの幽霊に悩まされました
リーン!
ぴょう! とうー! しゃー!
いやいや
あなたのせいで金縛りなんだけどっ
ご祈祷はお寺でプロのお坊さんに頼まないと怖いです

お坊さんの幽霊
その3
あるとき とあるお寺にお参りに 行きました
仏様 もっと神仏の ことを わかるように なりたいです
私に力を 授けて ください
その晩のこと
金縛り!
しまった
今日は 忘れたー
ママはお寺に お参りに行くと 幽霊を連れ帰る ことがあるので
お寺を 出るまで 幽霊がついて こないように 守ってください
いつもご本尊に お願いをしています
謎のお坊さんが出てきて レクチャーを始めました
1番の 鐘の音
ゴーン
ゴーン
2番の 鐘の音
3番の 鐘の音
ゴーン
一番仏の力が 入っている ものは どれか?
いやいやいや あなたのせいで 金縛りに遭ってて それどころ じゃないよ!!
正解
でも3番
やった 当たった
じゃなくって 帰って ください〜
反省
わかる力は 授かるものではなく 自分で 磨くものだと 痛感した 出来事でした

冒険
うっかり幽体離脱すると思考が停止していることが多いのですが
あれ? 私 幽体離脱してる
どうしよう 何してみようー
あるとき思考がクリアな状態で 幽体離脱できたことがありました
もしかしてこの状態で神社に行ったら神様が見えたりお話しできたりするのかなー?
ワクワク
行ってみよー
わー 空飛べる 気持ちいい
ピュー
神様のパワーに押されて鳥居の中に入れませんでした
○○社
うおっ
ビカー!
幽体は幽霊と同じ状態です 神社でお参りできるのは生きている人間の特権のようです

そっか入れないのか
しょぼん
じゃあお寺はどうなのかな？仏様に会えるのかなー？
行ってみよー
ピューー
中に入れましたが全く仏様の存在を感じられませんでした
入れた
誰もいないー
お寺で仏様の恩恵をいただけるのも生きている人間の特権のようです
ママは今ではすっかり霊障に遭わなくなりました
皆さん生きているうちにたくさん神仏のご縁をいただきましょう
魂磨きは人を頼るとろくなことないですが神仏を頼るのはOKです
神仏は喜んで手を差し伸べてくれます
これはひたすら神社通い・お寺通いをして神仏にご縁をいただいてきた結果だと思います

プチスピ
おまけ
❸

北枕

北の方角は神仏の恩恵をいただきやすい、ありがたい方角です。
ですから北枕で寝ると運気がUPするというのは本当です。
しかしながら北の方角は霊的な勘が冴える方角なので、
幽霊の影響を受けてしまうこともあります。
日本では古来より死者を北枕で寝かせる風習があるので、
成仏させてほしくて北枕の人を探して寄ってくる幽霊もいます。
しっかり浄化できていない家では、北枕で寝ていると、
どんどん幽霊が寄ってきてしまいます。
霊障に遭いやすい人には北枕はお勧めしません。

脱・スピ迷子！

守護霊とつながって大開運

怪しい占い師や
スピリチュアルカウンセラーに依存する必要なし！
いろはママ流の守護霊とつながるための
カンタン♪ 瞑想法をお教えします！

みてあげますよ
信頼できる占い師やスピリチュアルカウンセラーを見つけるのはなかなか大変
本物か偽物か見分ける自信ありますか？
みてあげましょう
占い師にみてもらったけれど本当かどうかよくわからず
占
別の占い師にもみてもらったけれど違うことを言われてよくわからない
次はスピリチュアルカウンセラーその次は霊能者と
結局わからない
どんどんスピリチュアルの沼にはまっていませんか？
スピリチュアルのセミナーに参加してハッピーな気持ちになったけれど何も好転していない
1人でいると不安になるからまたセミナーに参加する
どんどんスピリチュアルに依存していませんか？
大丈夫私は幸せになるはず
それスピリチュアル迷子です!!
間違った人を頼ると人生を台無しにします!!
人生の悩みには自分で答えを出さないといけないのです!!
では自分で解決するためにどうしたらよいのか？
皆さんもスピ迷子を脱出しましょう
いろはママが実践している方法をご紹介します

いろはママの

瞑想レッスン初級編

守護霊と つながる瞑想法

では守護霊に相談するために何をしたらよいのかというと
ズバリ！瞑想です
瞑想しながら守護霊に語りかけてみてください
どうしたらいいの？
!
インスピレーションで答えが返ってきます
瞑想のコツはとにかく楽な姿勢でやること
ママはベッドで横になってやっています
次はどこの神社に行ったらいいですか？
まずは心の中で守護霊に語りかけてみてください
このとき気をつけなければいけないのは決して自分の外側に向けて語りかけないこと
おーい守護霊さーん
外側に念を飛ばすと違うものがやってきます
はーい教えてあげるー
守護霊は自分の内側に語りかけることでつながることができる存在です
自分の頭の中心に向かって語りかけてください

眉間の力を抜いて額に風を感じるよう意識すると
頭の中心に意識を向けやすいですよ
次は守護霊からメッセージを受け取りましょう
コツはとにかく体の力を抜いて脱力することです
どうしても力んでしまうことがあるので体の細部を意識して力を抜いていきます
力を抜く順番はどこからでもOK完全に脱力するまでひたすら繰り返します
額↓目↓口↓首↓肩…
腕↓指↓足…
そして頭の中は何も考えないよう空っぽにします
無にならなければ!! と意識すると余計に力が入ってしまうので
頭の中はズバリ眠っちゃったほうがいいです
満員電車の中で立ったまま寝ることありませんか?
あのときの感覚です
だんだん体がポカポカ温かくなったりじんわり痺れるような感覚が出てきます
ポカポカ

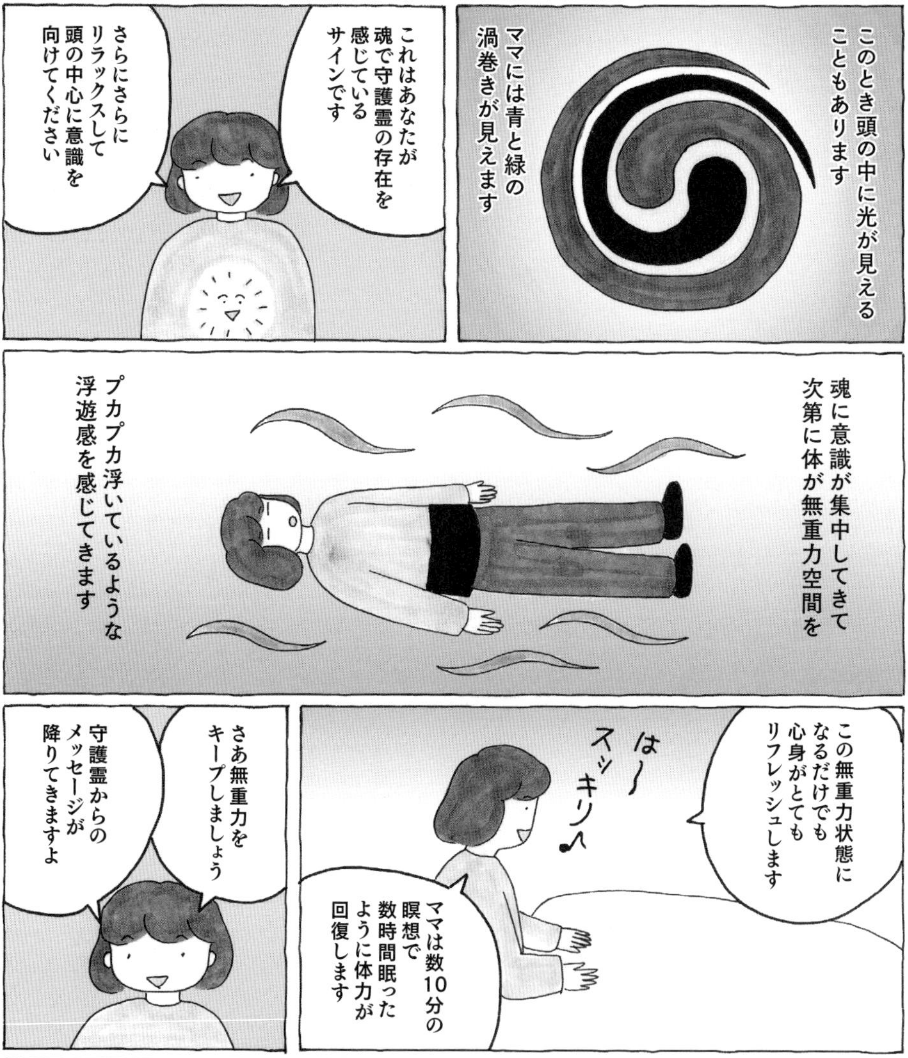
このとき頭の中に光が見えることもあります
ママには青と緑の渦巻きが見えます
これはあなたが魂で守護霊の存在を感じているサインです
さらにさらにリラックスして頭の中心に意識を向けてください
魂に意識が集中してきて次第に体が無重力空間を
プカプカ浮いているような浮遊感を感じてきます
この無重力状態になるだけでも心身がとてもリフレッシュします
はースッキリ♪
ママは数10分の瞑想で数時間眠ったように体力が回復します
さあ無重力をキープしましょう
守護霊からのメッセージが降りてきますよ
メッセージの受け取り方は人それぞれ
短い言葉が聞こえてきたり文字や映像が見えたり
ママは勝手に自分で数字を口ずさんでいることもあります
○○神社
0505
114

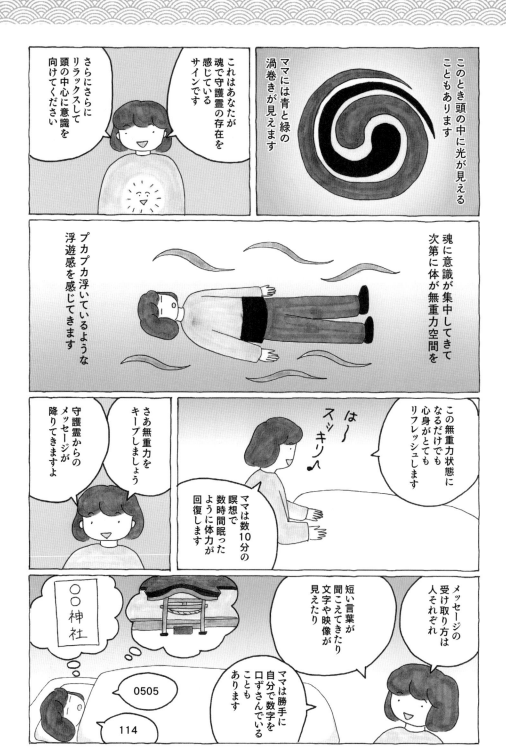

メッセージを受け取る前にうっかり眠ってしまっても大丈夫
眠っている間に夢の中でメッセージをくれることも
目覚める直前に不思議な夢を見たことありませんか? 守護霊からのメッセージです
また眠っていて目が覚めた瞬間は絶好のチャンスです まだ体に力が入っておらず頭が空っぽのいわば勝手に瞑想状態です
はっ
あ そうか
普段瞑想が上手くいかない人でもこのときはメッセージを受け取りやすいです
毎日寝る前に守護霊に相談や質問をするよう心がけるといいですよ
守護霊さん教えて
最近娘がイライラしがちなんですなんでですかねー?
瞑想中にうまくメッセージを受け取れなくても
あ そうか
普段の生活の中で頭がからっぽになったふとした瞬間に受け取れることもあります
一緒にテレビ見てない
普段から守護霊との対話を心がけて守護霊を質問攻めにしておくのがお勧めです
ちゃっかり

瞑想中に霊障《れいしょう》に
遭ってしまう人は
注意が必要です
金縛り
守護霊ではなく
悪霊の影響を受けています
いったん瞑想はやめて
浄化を心がけましょう
また守護霊のふりをして
語りかけてくる悪霊もいるので
こっちがいいよー
そっか
ありがとう
しっかり守護霊とつながっている
自信がないうちは
神社にお参りをしましょう
つながっている相手が
守護霊であれば
おみくじを引くと
旦那の
元気がない
守護霊に
私の言い方が
キツイからって
メッセージを
もらった
気がする
シャカ
シャカ
本当かな?
瞑想で受け取ったメッセージと
同じ答えをくださいます
ビンゴ!!
トゲのある言葉は
人を傷つける
夫婦仲良く〜
ちなみに瞑想は
頭がボーっとしているときや
体が疲れているときや
お腹が空いているときは
なかなか上手くいきません
ママの場合は
休日のおやつを
食べた後が
グッド
タイミングです

なかなか上手く守護霊から
メッセージを
受け取れないときは
仕事もっと頑張ったほうがいいのかな?
守護霊さん教えて
タロットカードを使って
メッセージをもらうのも
一つの手です
休息のカード
そっか今は休みなさいってメッセージね
タロットカードの使い方は
ガイドブックの
通りにやっても
自己流でもOK
タロット ガイド
あらかじめ
自分のカードの引き方と
カードを見たときに
自分が感じるイメージを
守護霊に伝えておきましょう
これは暗い印象止まりなさいのイメージ
これは元気な印象どんどん行こうのイメージ
タロットの場合も頭の中心に向かって語りかけるコツは同じです
瞑想の後に占うとわかりやすいメッセージをもらえますよ
ただしタロットカードは
とても危険
悪霊に邪魔されないよう
心身と家の浄化
神社通いも忘れずに
霊障に遭う人はやめてください
また守護霊と仲良くしているとこんなときも助けてもらえます
初めて来た神社
ん〜神様の気がわからないな〜

守護霊さん お願い
私が気を感じられるように手伝ってください
来た来た〜
ちょっと厳しそうな真面目な感じの神様だな〜
またこんなときも
うわー混んでるな〜
これじゃ神前でゆっくり神様にお話しできないし
境内でのんびりもできないな〜
守護霊さん お願い 神様に私のことよく伝えておいてください
私のお願い事もしっかり伝えてください
守護霊に伝達を頼んでおくと
はらいたまえ きよめたまえ
パン
パン
来た来た〜
すっごいパワーをもらえている!
神前では挨拶だけでもじゅうぶん神様が目をかけてくださいます
ママはお参りに行くときはいつも守護霊と2人で一緒にお参りするよう心がけています
守護霊さん 今日もよろしくね
守護霊は神仏のようにお願いを叶えてくれる存在ではありませんが
いつもそばでサポートしてくれる存在です
守護霊に助けてもらいながらどんどん成長していきましょう

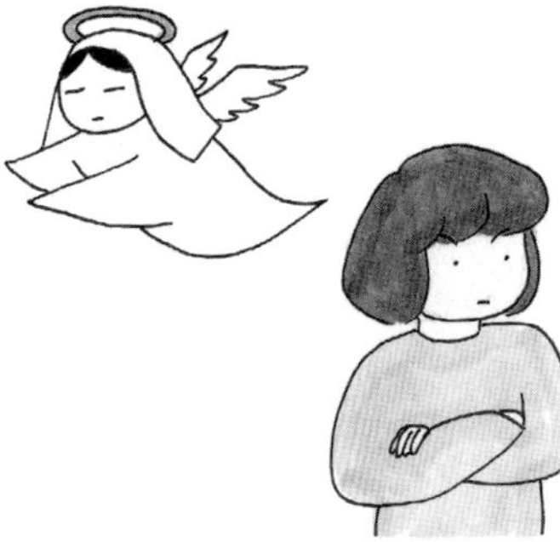

いろはママの守護霊日記

瞑想中
ママは完全に脱力しているので
絶対に人には見せられない
顔をしています
クチ開けっぱなし
白目
ガチッ
痛っ
また勝手に口が閉じて舌噛んだ
最近よくあるんだよなー なんでだろう?
もしかして何かのメッセージ?
ママにとって守護霊は母親のような存在なので「マザー」というニックネームをつけて話しかけています
マザー教えて最近よく舌を噛むんだけどどうして?
何か意味があるの?
ピコーン!
クチが悪い
あー私いつも旦那にキツイ言い方するからかー
つかそれを伝えたいなら最初から教えてくれればいいのに…
伝え方がワイルド!!
守護霊は自分から聞かないと教えてくれません

ママの守護霊はなかなか厳しいタイプです
ねぇマザー 今度のママ友とのランチ会何着て行ったらいいかな？
シーン
答えてくれない
どうでもいい悩みには答えてくれません
いやいやママ友の第一印象は重要なんだよー
ピコーン
瞑想している私の姿が見えた
そんなことはどうでもいいから瞑想して魂磨けってことか
ちぇっ
じゃあさじゃあさ消費税ってこの先上がるのかしら？
ピコーン
旦那の給料上がんないかしら？
ピコーン
もう～何も教えてくれない～
つか全然私の悩み聞いてくれてないんじゃないの？
きぃ～～
あ そうだ ヨガサークル体キツイから辞めたいんだけどどうかしら？
ピコーン
運動！
動け！
やっぱ聞いてるじゃん
こういう質問は答えるのね！
ムカッ
守護霊はけっして甘えさせてくれません
早く自分でわかるようになりなさい!!
は～い

千葉県銚子《ちょうし》市
猿田《さるだ》神社にやってきました
ご祭神の猿田《さるた》彦大神《ひこのおおかみ》は
道を切り開く
神様として有名です
道を切り開く
ということは
きっと守護霊との
道も切り開いて
くれるはず
マザー
今日も
よろしくね
猿田彦大神に
私のこと
よく伝えてね
神様お願いします
もっと守護霊と
つながれるように
なりたいです
パン
パン
私が守護霊に
近づけるように
道を切り
開いてください
あ
お参りして振り向くと
大きな鳥が
2羽寄り添っているような
形の雲が見えました
うわー
私とマザー
みたい
きっと神様が
応援して
くれている
んだな
マザー
ありがとう
神様
ありがとう
翌日瞑想してみると
守護霊とのつながりが
強くなっているのを
実感できました
マザーお願い
私に宇宙の
パワーを
降ろして
ください
ドドドドッ
うっわー
すっごい
降りてくる!!
守護霊は神仏と
人間をつないでくれますが
神仏もまた守護霊と
人間をつないで
くれるようです

守護霊から教えてもらった

いろはママの

瞑想レッスン中級編

宇宙からパワーをもらう瞑想法

注意事項

霊能力の個性は神仏を目で見る人、
耳で聞く人、匂いで感じる人、それぞれです。

ママは耳で聞くタイプなので、ママの瞑想法は
「耳で聞く」タイプの人に特化した瞑想法です。

すべての人に対して、最適な瞑想法というわけではないかもしれません。

1つの選択肢として参考にしてみてください。

姿勢は守護霊とつながる瞑想法と同じ楽な姿勢で
座った姿勢よりも手足が真っすぐ伸びた姿勢のほうがやりやすいです
そしてこれが一番大事!!瞑想は守護霊と一緒にやること!!
守護霊にお願いしてパワーを降ろしてもらってください
守護霊さんお願いします瞑想をします
私に必要なパワーを降ろしてください
宇宙のパワーは強大です人間が自力で受け取ろうとしても上手く受け取れません
滝の水をコップで受けようとしても　受けられないのと同じイメージです
守護霊に受け取りやすい形に変換してもらって受け取る必要があります
はいどーぞ
守護霊にお願いをしたらまずは体の気の流れを整えます
これは左右の半身ずつ行います左右どちらから始めてもOK
体に力が入っていても頭が空っぽでなくても大丈夫
とにかく集中してやってみてください

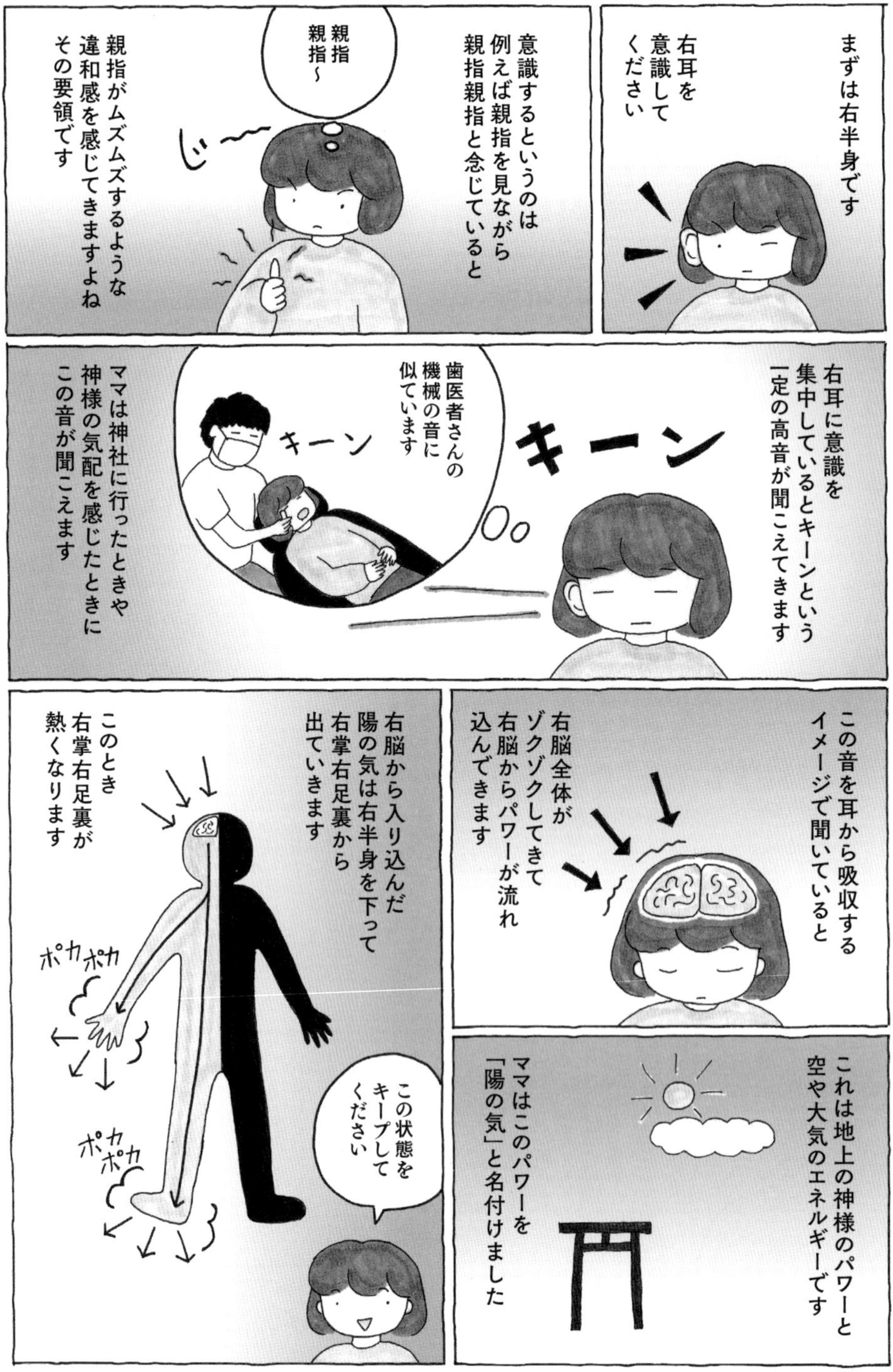
まずは右半身です
右耳を意識してください
意識するというのは例えば親指を見ながら親指親指と念じていると
親指親指〜
じ〜〜
親指がムズムズするような違和感を感じてきますよね
その要領です
右耳に意識を集中しているとキーンという一定の高音が聞こえてきます
キーン
歯医者さんの機械の音に似ています
キーン
ママは神社に行ったときや神様の気配を感じたときにこの音が聞こえます
この音を耳から吸収するイメージで聞いていると
右脳全体がゾクゾクしてきて右脳からパワーが流れ込んできます
右脳から入り込んだ陽の気は右半身を下って右掌右足裏から出ていきます
このとき右掌右足裏が熱くなります
ポカポカ
ポカポカ
この状態をキープしてください
これは地上の神様のパワーと空や大気のエネルギーです
ママはこのパワーを「陽の気」と名付けました

陽の気が体を流れるときは右半身が上から徐々にゾクゾクしてきます
ゾクゾクッ
黒板を爪で引っ掻く音を聞いたときのゾクゾク感と似ています
キィー
ゾクゾクッ
次は左半身です左耳を意識してください
左耳 左耳 左耳…
左耳に意識を集中しているとオ〜ンオ〜ンという揺らぎのある高音が聞こえてきます
オ〜ン
テルミンの演奏音に似ています
ママはお寺に行ったときや仏様の気配を感じたときにこの音が聞こえます
この音を耳から排出するイメージで聞いていると
左脳全体がゾクゾクしてきて左脳からパワーが流れ出ていきます
これは仏様のパワーと大地のエネルギーです
卍
ママはこのパワーを「陰の気」と名づけました

左脳からパワーを排出していると左掌左足裏からパワーが入ってきて左半身を上ってくるのがわかります
このとき左掌左足裏が熱くなります
右半身と左半身両方の状態をキープしてください
ポカ ポカ
陰の気が体を流れるときは左半身が下から徐々にモワッとしてきます
モワッ
サウナに入ったときに感じるモワッと感に似ています
モワ〜ン
左右の音が聞こえないという人は耳栓をすると聞こえやすいですよ
最初は聞こえなくても音を想像して聞き耳を立てていると聞こえてきます
瞑想の前にシンギングボウルの音を聞くのもお勧めです
ゴ〜ン
シンギングボウルというのはその昔チベットのお坊さんが使っていた仏具です
一説では瞑想に入る前の精神統一に使われていたと言われています
日本の仏壇に置いてあるおりんに似ていますが音が違います
倍音が特徴的
現代では癒やし効果や浄化効果があるとされヒーリングツールとして使われています

日本でも専門のネットショップで購入できます
ママはネパール製の手打ち鍛造《たんぞう》シンギングボウルを愛用しています
なるべく倍音が響くものがグッド!
よい物は1点1点職人さんの手作りで音が違うので必ず音を確認して購入しましょう
シンギングボウルを叩くとキーンとした一定の高音と揺らぎのある倍音の2種類の音が聞こえてきます
キーン
オ〜ン
オ〜ン
これは瞑想のときに聞き取る左右の音に近いので瞑想前に聞くとチューニングになり深い瞑想に入りやすくなります
さていよいよ宇宙のパワーを受け取る方法です
左右の陰陽の流れをキープしたまま
右脳と左脳のつなぎ目の上のほうを意識してください
意識を集中しているとコーッという音が両耳から聞こえてきます
コー
貝殻に耳をあてたときに聞こえてくる音に似ています

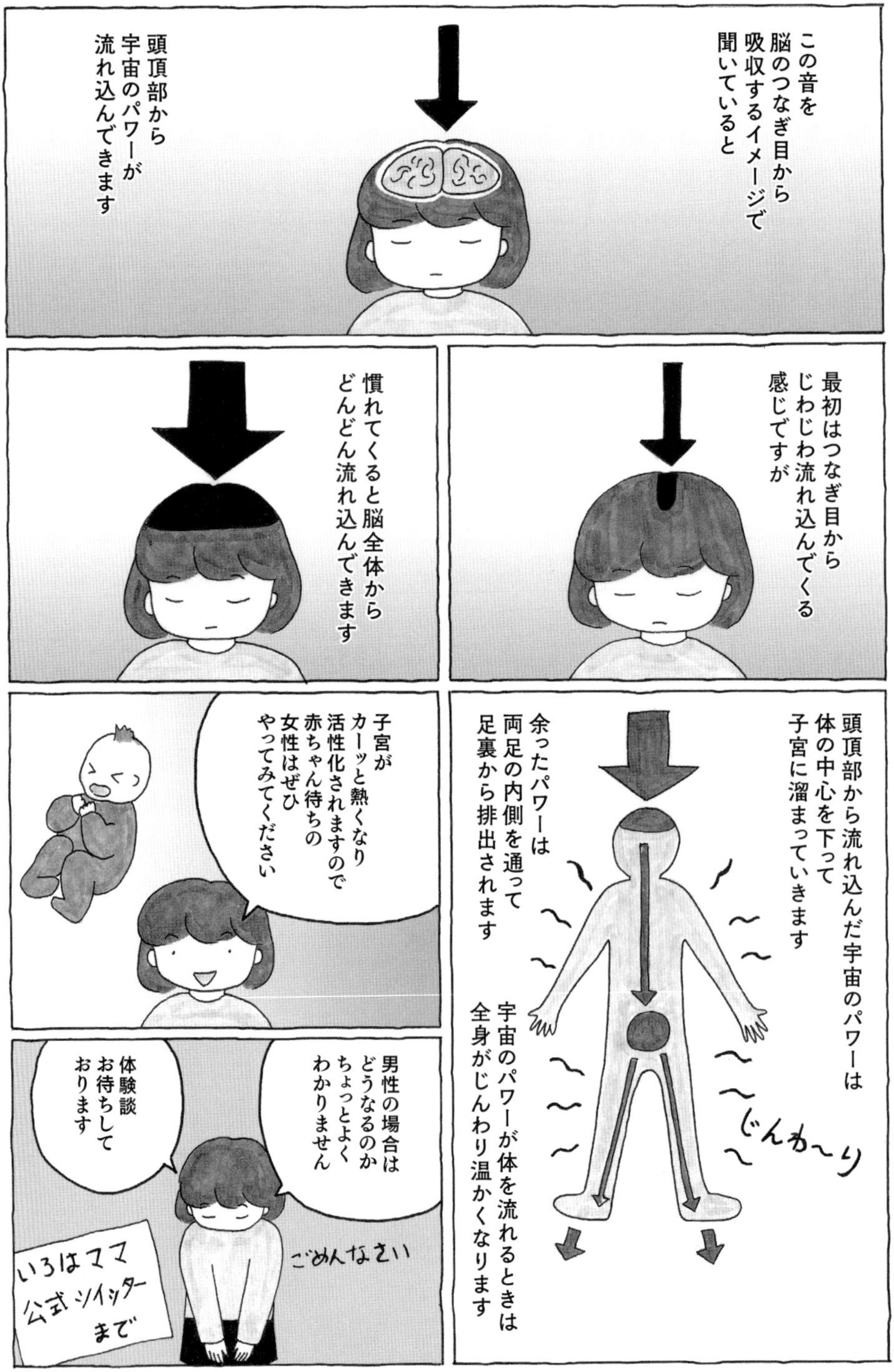
この音を脳のつなぎ目から吸収するイメージで聞いていると
頭頂部から宇宙のパワーが流れ込んできます
最初はつなぎ目からじわじわ流れ込んでくる感じですが
慣れてくると脳全体からどんどん流れ込んできます
頭頂部から流れ込んだ宇宙のパワーは体の中心を下って子宮に溜まっていきます
余ったパワーは両足の内側を通って足裏から排出されます
じんわ〜り
宇宙のパワーが体を流れるときは全身がじんわり温かくなります
子宮がカーッと熱くなり活性化されますので赤ちゃん待ちの女性はぜひやってみてください
男性の場合はどうなるのかちょっとよくわかりません
体験談お待ちしております
ごめんなさい
いろはママ公式ツイッターまで

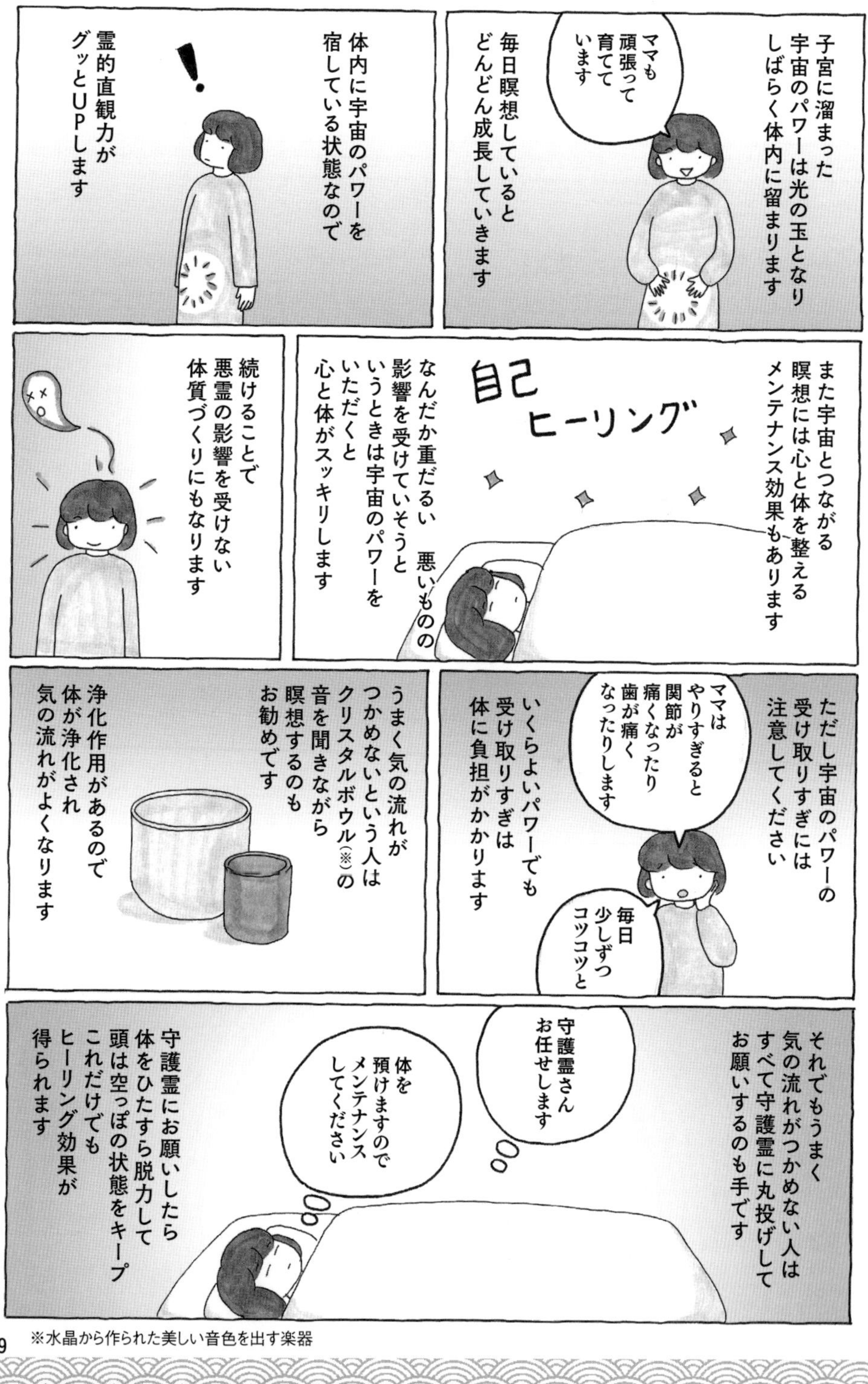
子宮に溜まった宇宙のパワーは光の玉となりしばらく体内に留まります
ママも頑張って育てています
毎日瞑想しているとどんどん成長していきます
体内に宇宙のパワーを宿している状態なので
霊的直観力がグッとUPします
また宇宙とつながる瞑想には心と体を整えるメンテナンス効果もあります
自己ヒーリング
なんだか重だるい 悪いものの影響を受けていそうというときは宇宙のパワーをいただくと心と体がスッキリします
続けることで悪霊の影響を受けない体質づくりにもなります
ただし宇宙のパワーの受け取りすぎには注意してください
ママはやりすぎると関節が痛くなったり歯が痛くなったりします
いくらよいパワーでも受け取りすぎは体に負担がかかります
毎日少しずつコツコツと
うまく気の流れがつかめないという人はクリスタルボウル(※)の音を聞きながら瞑想するのもお勧めです
浄化作用があるので体が浄化され気の流れがよくなります
それでもうまく気の流れがつかめない人はすべて守護霊に丸投げしてお願いするのも手です
守護霊さんお任せします
体を預けますのでメンテナンスしてください
守護霊にお願いしたら体をひたすら脱力して頭は空っぽの状態をキープこれだけでもヒーリング効果が得られます

※水晶から作られた美しい音色を出す楽器

ちなみに『右掌右足裏から気が放出され左掌左足裏から気が吸収される』この性質は誰もが持っています
普段の生活の中でも気をつけるといいですよ
幽霊を祓い落とすときや体調の悪い人に触るときは右手で
あっち行け！
バシッ
大丈夫？
オエ〜
神仏の恩恵をいただきたいときは左手で触りましょう
お力を分けてください
なで地蔵
なで牛
また寝た姿勢で頭上に体調の悪い人に立たれると悪い気を吸い取ってしまうので気をつけましょう
洗い足りないところございますか？
マッサージ師や美容師さんは元気な人にお願いしましょう

図解

いろはママの瞑想法

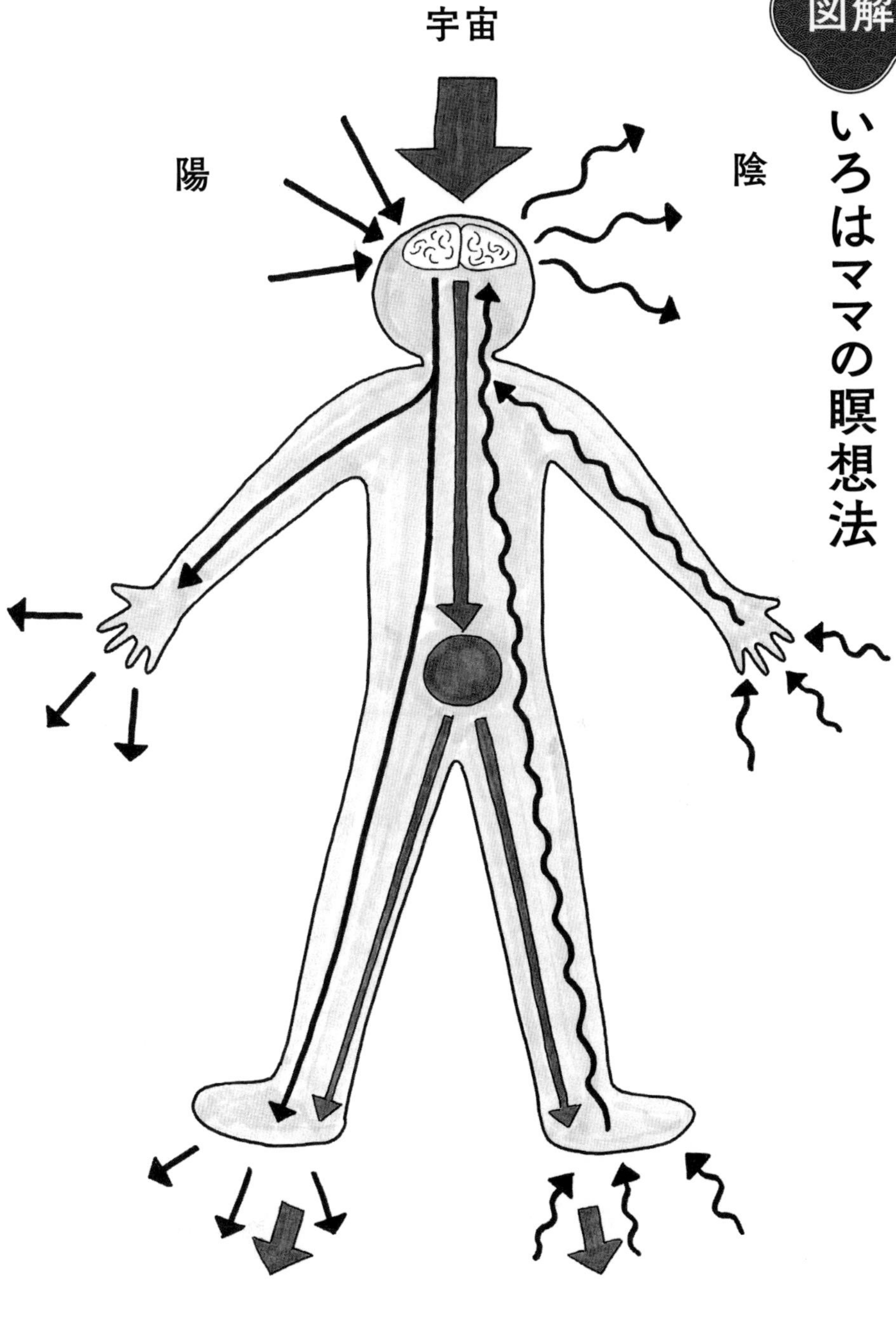

いろはママの もっと 瞑想レッスン上級編

宇宙からパワーをもらう瞑想法

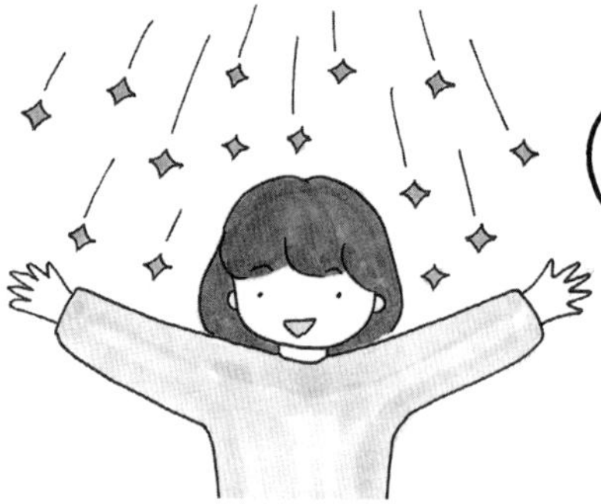

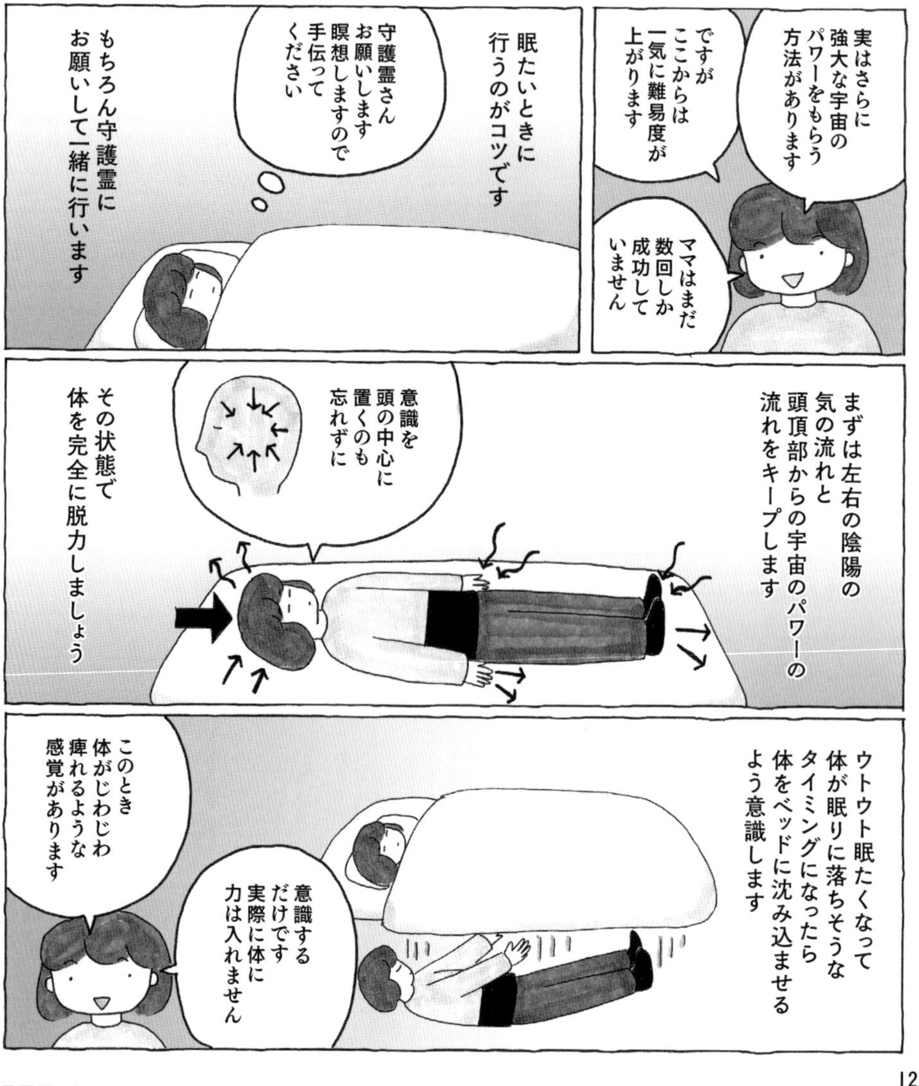
実はさらに強大な宇宙のパワーをもらう方法があります
ですがここからは一気に難易度が上がります
ママはまだ数回しか成功していません
眠たいときに行うのがコツです
守護霊さんお願いします瞑想しますので手伝ってください
もちろん守護霊にお願いして一緒に行います
まずは左右の陰陽の気の流れと頭頂部からの宇宙のパワーの流れをキープします
意識を頭の中心に置くのも忘れずに
その状態で体を完全に脱力しましょう
ウトウト眠たくなって体が眠りに落ちそうなタイミングになったら体をベッドに沈み込ませるよう意識します
意識するだけです実際に体に力は入れません
このとき体がじわじわ痺れるような感覚があります

すると
魂が浮き上がって
幽体離脱できます
「上へ」と念じると
どんどん
魂が上昇します
上へ！
どんどん
どんどん 上昇すると
もっと
もっと
地球を抜けて
宇宙に到達できます

そこはまばゆい光の世界
ママの守護霊は
ママが宇宙に行くと
そこで待ち受けていて
ドゴン！
特大エネルギーを
注入してくれます
うぎゃ
気をつけなければ
いけないのは
何ここ
宇宙？
怖いー
帰るー
途中で怖くなったりして
体に意識を戻してしまうと
体が目覚めるまでは
金縛りになってしまいます
金縛り！
うげっ

体が目覚めるタイミングがくれば勝手に戻れるので
それまでは守護霊と一緒に宇宙遊泳をお楽しみください
ママの守護霊はママが体に戻った後に体のほうもヒーリングしてくれます
スーパーヒーリング!
目覚めた後は最高潮にエネルギッシュな状態になります
パワー全開!
皆さん 守護霊と仲良くなれば占い師やスピリチュアルカウンセラーを頼らなくても自分の力で迷わず生きていけるとおわかりいただけたと思います
守護霊と一緒に直観力を磨きましょう!!

プチスピ
おまけ
4

遺品

物には使っている人の気が移ります。
長い間病気で苦しんでいたかたが愛用していたものを身につけたり、
亡くなったかたの寝具を使うと、
どんどん体調が悪くなっていきます。
遺品をいただくときは、
身につけるものや体に使うものは避けましょう。
ママは中古のマッサージ器を利用すると気分が悪くなります。

あとがき

皆さん、霊能者やスピリチュアルカウンセラーを頼らなくても自分で開運できることが、おわかりいただけたと思います。
霊能者の中には、低級霊としかコンタクトできない人がいます。
霊感がある、イコールその人の霊格が高いのではありません。霊感は単なる体質です。
人より視力がいいとか鼻が効くとかいうのと同じ、人より感じやすいという体質なんです。
その体質で何を感じることができるかは、その人の魂の状態次第です。
状態がよければ、守護霊や高級霊、神仏だって感じ取ることができます。
ママは霊障に遭って困っていたときは、よく幽霊が見えたり声が聞こえることがありましたがかかりつけ神社にお参りするようになってからはなくなりました。
また、神社通いを続けて、最近では神仏の気配を少しずつ感じられるようになってきました。
なかなか体質を変えることは難しいですが、意識して気づくようにしていくことで、少しずつ感覚が磨かれるようです。スピリチュアル開運は、人を頼ると騙されたり依存したりして失敗しがちですが神仏は頼ってOK！　神仏は人の成長を願い、自分の力で生きていけるよう、導いてくれます。
もちろんお金もかかりません。
そして神仏は、ちゃんとお参りに来た人に手を差し伸べてくれています。
こちらが感じ取れていなくても、恩恵はいただいているのです。
皆さん、これからも真っすぐ神仏と一緒に魂を磨き上げていきましょう！

娘のいろはが「神様と話せる」ことが発覚したのをきっかけに、神様のことを知り、スピリチュアルな世界を勉強したいと一念発起！　もともと微妙な霊感体質だが、能力を磨くべく、見えない世界のことや開運術を神様に教えてもらう「神様見習い」を開始。仕事と育児、そしてパパのウツ病とハードな毎日の中、神様から教わった開運術をマンガで発表している。『マンガでわかる！龍神トリセツ』（KADOKAWA）が好評発売中のほか、『うちのスピ娘のパワーがちょっとすごくって…』（ハート出版）など著書多数。

公式サイト　https://www.iroha-mama.com/
X（旧 Twitter）　@iroha_spiritual
Instagram　iroha_spiritual

いろはママの「神様見習い」はじめました　新装版
たのしく自分で運気アップ！

2024年11月30日　初版発行

著　者　　いろはママ
発行人　　志村　悟
編集人　　東宮千鶴
印　刷　　株式会社東京印書館
発行所　　株式会社ブティック社
TEL 03-3234-2001
〒102-8620　東京都千代田区平河町1-8-3
https://www.boutique-sha.co.jp/
編集部直通：☎03-3234-2071　販売部直通：☎03-3234-2081

PRINTED IN JAPAN　ISBN:978-4-8347-9084-9

編集　　宗 誠、志村真帆子、堤 万里加
ブックデザイン　　牧 陽子、奥 卓丸(sakana studio)、志村麻沙子(sakana studio)

※この本はマキノ出版の書籍を、ブティック社が再出版したものです。